ZUMOS Y JUGOS

NOTA DEL EDITOR

El editor español quiere dejar constancia de que la palabra «jugo» se emplea en toda América Latina para designar lo que en España se entiende por «zumo», es decir, el «líquido de las hierbas, flores, frutas u hortalizas, que se saca exprimiéndolas». Por este motivo, a pesar de que a lo largo del libro se usa el término «zumo», el título, al incluir la palabra «jugo», se hace eco del vocablo empleado por más de trescientos millones de hispanohablantes en todo el mundo.

ZUMOS Y JUGOS

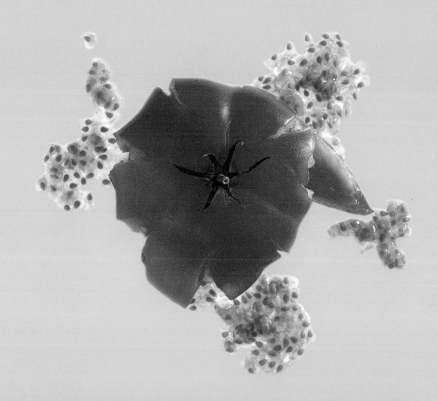

PARA MEJORAR SU SALUD Y AUMENTAR LA VITALIDAD

ANNA SELBY

Zumos y jugos

Título original: *The Juice and Zest Book*
Primera edición: marzo 2001

Copyright © Collins & Brown Limited 2000
Copyright del texto © Anna Selby 2000
Copyright de las fotografías © Collins & Brown Limited 2000
Todos los derechos reservados

Mens Sana es una marca registrada de Parramón Ediciones, S. A.

Copyright © para la edición española Parramón Ediciones, S. A.
Gran Via de les Corts Catalanes, 322-324
08004 Barcelona

Traducción: Víctor Lorenzo

ISBN: 84-342-3015-1

Advertencia:
La información contenida en este libro no pretende sustituir la atención
médica. Bajo ningún concepto se someta a tratamientos por parte de alguien
que no sea un profesional cualificado. Ante cualquier problema de salud
consulte a su médico.

Sumario

la realidad de

los ZUMOS

La
inevitable cuestión que se
plantea cuando comentamos que solemos
tomar zumos de frutas y hortalizas con regularidad
tiene como objetivo saber por qué no comemos
directamente la fruta y las hortalizas. Existen varias
respuestas. Una es que, como todos sabemos, la fruta y las
hortalizas están repletas de nutrientes vitales en forma de vitaminas,

¿Por qué tomar zumos?

minerales y enzimas, todos necesarios para gozar de una buena salud. La
recomendación de muchos organismos oficiales de que deberíamos comer
cinco piezas de fruta u hortalizas al día se encuentra profusamente divulgada,
pero casi nunca se sigue. Por eso, la primera respuesta, y la más simple, a
esta cuestión es que resulta mucho más fácil beberse un vaso de zumo
de zanahoria que masticar y tragar 400 gramos de zanahorias. Otra
es que los zumos son, por definición, alimentos crudos, por lo
que ninguno de sus nutrientes vitales se pierde durante
el proceso de cocción. Los zumos limpian, curan,
vigorizan y rejuvenecen, pero quizá la principal
razón para tomarlos es, sencillamente,
que son deliciosos.

Zumos para
una salud óptima

Muchas personas piensan en su cuerpo como lo hacen en su automóvil: con suficiente combustible y alguna reparación ocasional, no debería estropearse con demasiada frecuencia; y si por desgracia sufre alguna avería, se lleva al mecánico y se arregla.

Desgraciadamente, la mayoría de las veces esto no ocurre. Uno de los motivos fundamentales es el ritmo de vida actual. Cuando tenemos que desplazarnos largas distancias para ir a la oficina y después trabajamos muchas horas llevando la casa, criando a nuestros hijos y buscando el tiempo para reunirnos con parientes y amistades, hay que renunciar a algo. Y lo primero suele ser el tiempo que dedicamos a cocinar platos sanos, por mucho que nos convenga. Como consecuencia, cada vez consumimos más alimentos procesados y precocinados y comidas rápidas de las cadenas de establecimientos al efecto. Estos productos casi siempre contienen un exceso de sal, grasas y azúcar, por no hablar de colorantes, conservantes y aromatizantes, que carecen de valor nutritivo en el mejor de los casos y son perjudiciales en el peor.

PROTECCIÓN CONTRA ENFERMEDADES

La Organización Mundial de la Salud (OMS) reconoce los efectos perjudiciales de una mala nutrición. Se ha comprobado que alrededor del 85 por ciento de los cánceres en los adultos son evitables y, de ellos, la mitad están relacionados con una dieta inadecuada. Muchos de estos cánceres no se producen en las zonas del mundo donde imperan la pobreza y el hambre, sino en los países desarrollados y ricos, donde comemos demasiado. Nuestro problema es que los alimentos que consumimos no son lo bastante nutritivos, ya que los métodos de procesamiento y conservación han destruido sus nutrientes.

Uno de los descubrimientos dietéticos más importantes realizado por la OMS es que algunos nutrientes son vitales para gozar de una buena salud. Se trata de las vitaminas A (betacaroteno, de origen vegetal), C y E, junto con el mineral selenio. Se conocen como antioxidantes y sus funciones protectoras han sido ampliamente reconocidas. Esta protección se extiende no sólo a las infecciones menores, sino también a situaciones más graves, incluyendo el cáncer y las afecciones cardíacas. Muchos expertos creen que los antioxidantes también protegen del envejecimiento prematuro.

SUPERACAPARADORES

Los antioxidantes destruyen o anulan los radicales libres –moléculas electroquímicamente inestables– que genera nuestro organismo. La presencia de radicales libres se asocia a una amplia gama de causas, incluidas la contaminación, el estrés, una alimentación excesiva, los pesticidas, el tabaco, determinados alimentos, los fármacos y las drogas. Una vez producidos, reaccionan con otras moléculas, hasta entonces sanas, y las vuelven inestables también. Así se inicia una reacción en cadena interminable que desemboca en un proceso de destrucción celular y genera enfermedades.

Este proceso se detiene cuando los antioxidantes destruyen o transforman los radicales libres. Proporcionar antioxidantes a nuestro organismo es una de las mejores prescripciones de atención sanitaria preventiva que podemos seguir.

Ventajas de los zumos para
combatir las enfermedades

Como ya se ha dicho, los antioxidantes se sitúan en la primera línea del sistema defensivo del organismo. Los principales son las vitaminas A, C y E, junto con el selenio, pero muchas de las sustancias que integran el complejo vitamínico B, así como el zinc y ciertos aminoácidos y enzimas, también poseen propiedades antioxidantes. Es cierto que es muy fácil encontrar algunas o todas ellas en forma de píldoras, que pueden tomarse regularmente y tienen un efecto indiscutiblemente beneficioso. No obstante, uno de los descubrimientos interesantes de la investigación sobre los antioxidantes es que su efecto protector aumenta cuando se ingieren juntos, más que por separado. Y, aunque usted considere conveniente tomar suplementos multivitamínicos y minerales, las frutas y verduras ya aportan de forma natural un equilibrio dietético ideal.

INVESTIGACIÓN EN MARCHA

Merece la pena destacar que los avances en las ciencias de la nutrición son constantes y que continuamente ven la luz nuevos descubrimientos. A fin de cuentas, la conocida vitamina C ya fue descubierta en la década de los 20. Así, pese a que los conocimientos esenciales sobre los antioxidantes y su acción combinada es muy reciente, quizá sólo son una pieza más del engranaje y puede haber otras explicaciones más sutiles de la beneficiosa incidencia que la compleja naturaleza integral de los nutrientes de las frutas y hortalizas frescas ejercen en nuestra salud.

La fruta y las hortalizas, ciertamente, se cuentan entre las mejores fuentes de antioxidantes. Sin embargo, estas moléculas, al igual que muchos nutrientes, se destruyen fácilmente durante la cocción, por lo que es más eficaz consumir las frutas y hortalizas crudas. Ésta es sólo una de las razones de que los zumos sean tan beneficiosos. Al ser alimentos crudos (incluso los zumos de hortalizas que probablemente nadie tomaría crudas, como el nabo o la remolacha), la concentración de nutrientes es máxima. Además, es mucho más fácil beber grandes cantidades de zumo de zanahorias que comérselas por manojos a lo largo del día. Por ejemplo, cinco de tamaño medio proporcionan alrededor de 20.000 microgramos de betacaroteno, que el organismo transforma en vitamina A. Un vaso de zumo de zanahoria tiene el mismo efecto y es de más sencilla ingestión.

SALUD Y LONGEVIDAD

Lo único que le falta al zumo es la fibra que contienen las frutas y hortalizas enteras. Por ello, es importante incluir alimentos crudos en la dieta. No hay que considerar que los zumos son un sustituto adecuado, sino más bien una aportación adicional de primer orden. Pero aunque los zumos no contengan fibra, sí ejercen una intensa acción depuradora sobre el organismo y ayudan a eliminar las toxinas del tracto digestivo. Como medio para potenciar los procesos inmunológicos, desintoxicar el sistema y protegerlo contra las enfermedades y el envejecimiento prematuro, los zumos no tienen rival. Por la simple razón de ser líquidos, al organismo le resulta mucho más fácil absorberlos y asimilarlos rápidamente, incluso cuando el aparato digestivo sea lento o esté en malas condiciones.

Puede que exista una relación entre los zumos y la salud mental y emocional. Este campo todavía

es objeto de una incipiente investigación, pero parece posible que muchos problemas –desde la senilidad hasta la esquizofrenia o la depresión–, se asocien a carencias dietéticas específicas de, por ejemplo, zinc, vitamina B1 y algunos aminoácidos concretos.

Por si hiciera falta más persuasión, cabe añadir que muchas personas que toman zumos con regularidad durante largos períodos de tiempo creen que también mejora el aspecto de su piel. La arrugas y estrías, la eliminación de las cuales es el objetivo de caros productos hidratantes, se alisan y dejan la piel más tersa y juvenil. Se cree que los zumos también contribuyen a fortalecer las uñas y los huesos, y es posible que realmente alarguen la vida. Según algunas fuentes, Norman Walker, pionero del consumo sistemático de zumos en Estados Unidos, vivió hasta los 113 años.

Guía de
vitaminas y minerales

Vitamina	Beneficios/funciones	Se encuentra en
A (betacaroteno)	La vitamina A, uno de los principales antioxidantes, estimula el sistema inmunológico, fortalece los dientes, el pelo y los huesos, además de proteger y reforzar los aparatos respiratorio y digestivo.	Como vitamina A sólo está presente en productos lácteos, huevos, pescado e hígado, pero el organismo transforma el betacaroteno en vitamina A. El betacaroteno se encuentra en la zanahoria, las horatalizas con hojas de color verde oscuro, los pimientos rojos y amarillos, la calabaza, la batatas, la naranja, el melón, el mango, el albaricoque y el melocotón.
B1 (tiamina)	Imprescindible para metabolizar los alimentos que contienen almidón y obtener energía, es beneficiosa para los músculos y el sistema nervioso.	Ajo, puerro, coliflor, naranja y piña.
B2 (riboflavina)	Indispensable para metabolizar las grasas y obtener energía, tiene un efecto positivo para la piel, cabello y uñas.	Albaricoque, melocotón, cereza, brécol, espinaca y berro.
B3 (niacina)	Utilizada para metabolizar diversos alimentos a fin de obtener energía, refuerza sistema nervioso y el aparato digestivo.	Brotes de soja, perejil, pimiento rojo, uva, fresa y granadilla.
B5 (ácido pantoténico)	Otra vitamina que el metabolismo usa para obtener energía.	Sandía, todos los frutos del bosque, apio, brécol y batata.
B6 (piridoxina)	Importante para metabolizar proteínas y para la salud de la piel y los sistemas nervioso e inmunológico.	Plátano, sandía, grosella negra, puerro, batata y pimiento verde.
B12	Vital para el metabolismo del hierro y para la salud del sistema nervioso y de las células de la sangre.	El organismo sintetiza su propia vitamina B12; además se encuentra en las algas marinas.
C	Poderoso antioxidante, estimulante del sistema inmunológico, cicatrizante, protector contra las enfermedades cardíacas, el cáncer y otros trastornos degenerativos. Ayuda al organismo a absorber el hierro; especialmente necesario para las personas que fuman, enfermas o sometidas a estrés.	Hortalizas con hojas verdes, cítricos, grosella negra, mango, papaya, piña, perejil, pimientos, tomate y patata.
D	Fortalece los huesos y facilita la absorción de calcio y fósforo.	Sintentizada por el organismo gracias a la luz solar.
E	Poderoso antioxidante, protege las células y los sistemas circulatorio e inmunológico y evita el envejecimiento prematuro.	Todas las hortalizas con hojas de color verde oscuro.
Ácido fólico	Esencial para las embarazadas, protege al feto de la espina bífida y refuerza el sistema nervioso y las células de la sangre.	Remolacha, brécol, col, melón y cítricos.
K	Esencial para la coagulación sanguínea.	Hortalizas con hojas verdes.

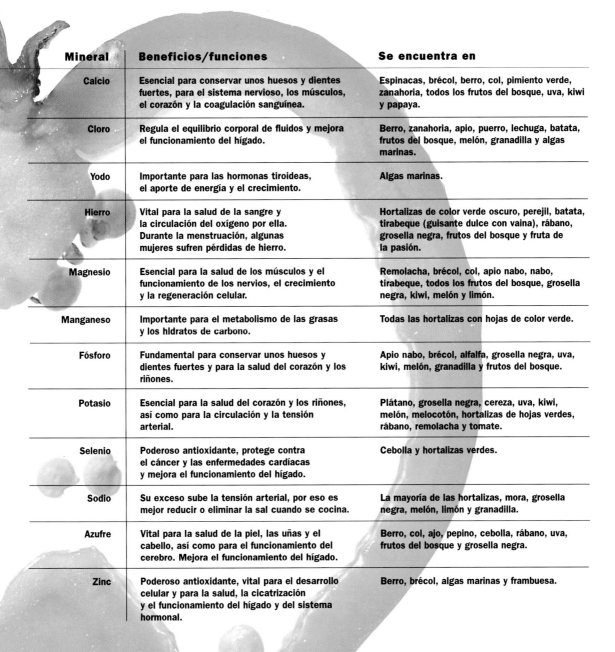

Mineral	Beneficios/funciones	Se encuentra en
Calcio	Esencial para conservar unos huesos y dientes fuertes, para el sistema nervioso, los músculos, el corazón y la coagulación sanguínea.	Espinacas, brécol, berro, col, pimiento verde, zanahoria, todos los frutos del bosque, uva, kiwi y papaya.
Cloro	Regula el equilibrio corporal de fluidos y mejora el funcionamiento del hígado.	Berro, zanahoria, apio, puerro, lechuga, batata, frutos del bosque, melón, granadilla y algas marinas.
Yodo	Importante para las hormonas tiroideas, el aporte de energía y el crecimiento.	Algas marinas.
Hierro	Vital para la salud de la sangre y la circulación del oxígeno por ella. Durante la menstruación, algunas mujeres sufren pérdidas de hierro.	Hortalizas de color verde oscuro, perejil, batata, tirabeque (guisante dulce con vaina), rábano, grosella negra, frutos del bosque y fruta de la pasión.
Magnesio	Esencial para la salud de los músculos y el funcionamiento de los nervios, el crecimiento y la regeneración celular.	Remolacha, brécol, col, apio nabo, nabo, tirabeque, todos los frutos del bosque, grosella negra, kiwi, melón y limón.
Manganeso	Importante para el metabolismo de las grasas y los hidratos de carbono.	Todas las hortalizas con hojas de color verde.
Fósforo	Fundamental para conservar unos huesos y dientes fuertes y para la salud del corazón y los riñones.	Apio nabo, brécol, alfalfa, grosella negra, uva, kiwi, melón, granadilla y frutos del bosque.
Potasio	Esencial para la salud del corazón y los riñones, así como para la circulación y la tensión arterial.	Plátano, grosella negra, cereza, uva, kiwi, melón, melocotón, hortalizas de hojas verdes, rábano, remolacha y tomate.
Selenio	Poderoso antioxidante, protege contra el cáncer y las enfermedades cardíacas y mejora el funcionamiento del hígado.	Cebolla y hortalizas verdes.
Sodio	Su exceso sube la tensión arterial, por eso es mejor reducir o eliminar la sal cuando se cocina.	La mayoría de las hortalizas, mora, grosella negra, melón, limón y granadilla.
Azufre	Vital para la salud de la piel, las uñas y el cabello, así como para el funcionamiento del cerebro. Mejora el funcionamiento del hígado.	Berro, col, ajo, pepino, cebolla, rábano, uva, frutos del bosque y grosella negra.
Zinc	Poderoso antioxidante, vital para el desarrollo celular y para la salud, la cicatrización y el funcionamiento del hígado y del sistema hormonal.	Berro, brécol, algas marinas y frambuesa.

Las mejores **20 frutas**

Fruta	Rica en	Contiene también	Beneficios
Manzana	Betacaroteno, ácido fólico, vitamina C, calcio, magnesio, fósforo, potasio y pectina.	Cobre, zinc y vitaminas B1, B2, B3, B6 y E.	Delicioso zumo dulce que combina con casi todo. Es antioxidante, limpia (en particular el sistema digestivo) y contribuye a mejorar el sistema inmunológico.
Mora	Betacaroteno, vitaminas C y E, calcio, magnesio, fósforo, potasio y sodio.	Vitaminas del grupo B, hierro y cobre.	Sabroso zumo de color morado que se combina bien. Es un potente antioxidante y estimula el sistema inmunológico.
Pera	Betacaroteno, ácido fólico, vitamina C, calcio, magnesio, fósforo, potasio y pectina.	Vitaminas del grupo B, cobre, hierro, manganeso y zinc.	Zumo dulce y ligero, muy potente como antioxidante, que contribuye a mejorar el funcionamiento del sistema inmunológico y desintoxica. Es vigorizante, limpia los intestinos y reduce el colesterol.
Grosella negra	Betacaroteno, vitaminas C y E, calcio, magnesio, fósforo y potasio.	Vitaminas del grupo B, cobre y hierro.	De sabor fuerte y dulce, combina mejor con manzana. Es un potente antioxidante y antiinflamatorio, y estimula el sistema inmunológico.
Albari-coque	Betacaroteno, ácido fólico, calcio, magnesio, hierro, potasio y vitaminas C, B3 y B5.	Cobre y vitaminas B1, B2 y B6.	Otro delicioso zumo dulce que conviene mezclar con otros, ya que la fruta tiene muy poco jugo. Es antioxidante y depurador, y estimula el sistema inmunológico.
Papaya	Betacaroteno, vitamina C, papaína, calcio, magnesio, fósforo, potasio y flavonoides.	Vitaminas del grupo B, hierro y zinc.	Zumo sabroso y espeso que debe mezclarse bien. Es antioxidante, estimula el sistema inmunológico, vigoriza, limpia y relaja el tracto intestinal.
Uva	Vitaminas C y E, calcio, magnesio, fósforo, potasio y flavonoides.	Vitaminas del grupo B, cobre, hierro y zinc.	Zumo dulce y espeso, potente antioxidante, que estimula el sistema inmunológico y desintoxica el hígado, los riñones y los intestinos; además, va bien para la piel.
Cereza	Betacaroteno, vitamina C, ácido fólico, calcio, magnesio, fósforo, potasio y flavonoides.	Vitaminas del grupo B, hierro y zinc.	Es un apetitoso zumo dulce, pero la fruta no tiene mucho jugo y se tarda en prepararlo, por lo que conviene diluirlo. Es otro poderoso antioxidante y favorece el funcionamiento del sistema inmunológico.
Kiwi	Betacaroteno, vitamina C, calcio, magnesio, fósforo, potasio y bioflavonoides.	Vitaminas del grupo B y hierro.	Zumo verde claro que se combina bien. Es un antioxidante muy potente, estimula el sistema inmunológico, limpia y vigoriza.
Mango	Betacaroteno, calcio, vitamina C, magnesio, potasio y flavonoides.	Vitaminas del grupo B, cobre, hierro y zinc.	Zumo dulce y espeso. Es vigorizante y antioxidante, estimula el sistema inmunológico y descompone las proteínas en el aparato digestivo.

Fruta		Rica en	Contiene también	Beneficios
Melón		Betacaroteno, ácido fólico, vitamina C, calcio, cloro, magnesio, fósforo y potasio.	Vitaminas del grupo B, vitamina E, cobre, hierro y zinc.	Zumo dulce y aromático. Antioxidante, depurador y diurético.
Melocotón		Betacaroteno, ácido fólico, vitaminas B3 y C, flavonoides, calcio, magnesio, fósforo y potasio.	Vitaminas del grupo B, hierro y zinc.	Apetitoso zumo dulce y espeso. Antioxidante, constribuye a mejorar el sistema inmunológico, y vigorizante.
Naranja		Betacaroteno, ácido fólico, hierro, calcio, potasio y vitaminas B1, B6 y C.	Vitaminas del grupo B, vitamina E y zinc.	Zumo delicioso, solo o combinado. Poderoso antioxidante, estimula el sistema inmunológico y limpia el hígado y los riñones.
Nectarina		Betacaroteno, vitamina C, ácido fólico, calcio, magnesio, fósforo y potasio.	Vitaminas del grupo B, hierro y zinc.	Zumo dulce, espeso, vigorizante y antioxidante.
Sandía		Betacaroteno, ácido fólico, vitaminas B5 y C, calcio, magnesio, fósforo y potasio.	Vitaminas del grupo B, hierro y zinc.	¡El elevado contenido de agua de este zumo muy líquido puede desbordar la licuadora! Antioxidante, desintoxicante y diurético.
Plátano		Betacaroteno, vitamina C, ácido fólico, magnesio, calcio, fósforo y potasio.	Vitaminas del grupo B y zinc.	Aunque de un plátano sale muy poco jugo, su sabor y olor son recomendables en combinados. Es muy espeso y hay que agitarlo bien o se pegará al fondo. Proporciona gran cantidad de energía.
Piña		Betacaroteno, ácido fólico, vitamina C, bromelina, calcio, magnesio, fósforo y potasio.	Vitaminas del grupo B, hierro y zinc.	Delicioso zumo dulce y aromático, antioxidante, potencia el sistema inmunológico, que a su vez mejora la digestión de las proteínas y limpia y protege los intestinos.
Ciruela		Betacaroteno, ácido fólico, vitaminas C y E, calcio, magnesio, fósforo y potasio.	Vitaminas del grupo B y hierro.	Zumo dulce y aromático, antioxidante, potencia el sistema inmunológico y estimula el proceso de la digestión.
Frambuesa		Betacaroteno, biotina, vitamina C, calcio, cloro, magnesio, potasio, fósforo y hierro.	Vitaminas del grupo B, vitamina E y cobre.	Sabroso zumo dulce, mejor en combinados porque el fruto tiene poco jugo. Antioxidante, favorece el funcionamiento del sistema inmunológico, con lo que limpia el tracto digestivo y en general desintoxica.
Fresa		Betacaroteno, ácido fólico, biotina, vitaminas C y E, calcio, cloro, magnesio, fósforo y potasio.	Vitaminas del grupo B, hierro y zinc.	Otro delicioso zumo de una fruta de poco jugo. Antioxidante, depurador, vigorizante y muy beneficioso para el sistema inmunológico.

Las mejores **20 hortalizas**

Hortaliza	Rica en	Contiene también	Beneficios
Zanahoria	Betacaroteno, ácido fólico, vitamina C, calcio, magnesio y potasio.	Vitaminas del grupo B, hierro y zinc.	Zumo dulce y espeso, es uno de los antioxidantes, desintoxicantes y reguladores del organismo más potentes. Particularmente depurador para el hígado y los intestinos, también se recomienda para aumentar la energía corporal, para los problemas cutáneos y de visión, para calmar las úlceras y para mejorar la calidad de la leche de las madres lactantes.
Remolacha	Betacaroteno, ácido fólico, vitaminas B6 y C, calcio, hierro y potasio.	Vitaminas del grupo B y zinc.	Zumo dulce de color morado, es uno de los principales antioxidantes y contribuye a mejorar el funcionamiento del sistema inmunológico de una forma muy intensa. Ayuda a reponer los glóbulos rojos de la sangre y es un potente desintoxicante. Se cree que también es útil para la anemia, los problemas menstruales y de la menopausia, así como para estimular los sistemas linfático y circulatorio. Además, favorece la memoria y la concentración.
Brécol	Betacaroteno, ácido fólico, vitamina C, hierro, potasio y sodio.	Vitaminas del grupo B y zinc.	Demasiado fuerte por sí solo, pero genial combinado con zumo de zanahoria. Gran antioxidante y vigorizante.
Col	Betacaroteno, ácido fólico, calcio, potasio y vitaminas C y E.	Vitaminas del grupo B, hierro y zinc.	Otro zumo amargo que exige combinarse con algo más dulce. Es un potente antioxidante y depurador, beneficioso contra el estreñimiento y las úlceras. También se recomienda para la piel.
Tomate	Betacaroteno, biotina, ácido fólico, vitaminas C y E, cloro, calcio, magnesio, potasio y sodio.	Vitaminas del grupo B, azufre, hierro y zinc.	Delicioso zumo depurador, antioxidante y estimulante del sistema inmunológico. Vigorizante y bueno para la piel.
Berro	Betacaroteno, vitaminas C y E, calcio, hierro, magnesio, sodio y potasio.	Vitaminas del grupo B, cobre y zinc.	Uno de los antioxidantes más efectivos, con un fuerte sabor picante, por lo que conviene diluirlo con un zumo más suave. Muy depurador y un gran estimulante del sistema inmunológico, particularmente bueno en casos de anemia y tensión arterial baja, así como para aumentar la energía disponible y protegernos contra las enfermedades.
Apio	Ácido fólico, vitamina C, calcio, manganeso y potasio.	Vitaminas del grupo B y vitamina E.	Zumo de un magnífico sabor salado, que realmente anima otros zumos de verduras más insulsos. Depurador, refrescante (cuando hace calor), relajante, ayuda a reponer los glóbulos rojos de la sangre, reduce la tensión arterial alta y combate la retención de líquidos.
Lechuga	Betacaroteno, vitamina C, calcio, ácido fólico, fósforo, potasio y sodio.	Vitaminas del grupo B, cobre, hierro, magnesio y zinc.	En su mayoría de variedades, la lechuga es bastante amarga, por lo que conviene mezclarla con algún otro componente dulce. Antioxidante y buen desintoxicante, el zumo de lechuga es beneficioso para la piel y, además, muy relajante.
Pimientos	Betacaroteno, ácido fólico, vitamina C, calcio, potasio y magnesio.	Vitaminas del grupo B, vitamina E, hierro y zinc.	Los pimientos amarillos y rojos son más dulces que los verdes. Potentes antioxidantes, estimulantes del sistema inmunológico y desintoxicantes, son buenos para la recuperación tras una enfermedad, así como para la piel, las uñas y el cabello.

Hortaliza	Rica en	Contiene también	Beneficios
Espinaca	Betacaroteno, vitaminas B3 y C, ácido fólico, calcio, hierro y potasio.	–	Zumo picante que sólo debe consumirse en combinados y con moderación debido a que contiene ácido oxálico. Antioxidante de gran efecto y estimulante del sistema inmunológico. Limpia todo el organismo, sobre todo el aparato digestivo. Beneficioso también para la dentadura y las encías, útil contra la jaqueca y la anemia.
Nabo	Ácido fólico, vitamina C, calcio, magnesio, fósforo y potasio.	Vitaminas del grupo B.	Zumo picante con una alta concentración de calcio, por ello, es especialmente bueno para los dientes y huesos. Antioxidante y depurador.
Pepino	Betacaroteno, ácido fólico, vitamina C, calcio, potasio y silicio.	Vitaminas del grupo B, hierro y zinc.	La gran cantidad de agua que contiene el pepino es ideal para combinarlo con otros zumos más fuertes. Muy bueno para limpiar todo el sistema, es el mejor zumo diurético que existe, excelente para el reuma, adecuado para la tensión arterial alta y mejora el estado de la belleza de la piel, el cabello y las uñas.
Achicoria	Betacaroteno, ácido fólico, hierro y potasio.	–	Como el del apio, el sabor de la achicoria anima otros zumos menos gustosos. Antioxidante y estimulante del sistema inmunológico.
Apio nabo	Vitamina C, calcio, magnesio, fósforo y potasio.	Vitaminas del grupo B y hierro.	De sabor delicioso y estimulante, es bueno en combinados. Antioxidante, fortalece los huesos y dientes.
Cebolla	Ácido fólico, vitamina C, calcio, cloro, magnesio, fósforo y potasio.	Vitaminas del grupo B, cobre, hierro y zinc.	Se trata de otro zumo fuerte, no conviene abusar de él, de indicadas propiedades desintoxicantes, antioxidantes y favorecedoras del sistema inmunológico. Muy bueno para las dolencias respiratorias.
Hinojo	Vitamina C, calcio y potasio.	Vitamina B6.	Su fuerte sabor anisado da sabor a otros zumos más insípidos. Es un gran depurador, sobre todo para el hígado y el aparato digestivo. También es un buen diurético.
Chirivía	Vitaminas del grupo B, calcio, ácido fólico, magnesio, fósforo, potasio, azufre y vitaminas C y E.	Cobre, hierro y zinc.	Resulta un zumo de sabor dulce, ideal para combinarlo cono otras hortalizas de raíz. Vigorizante, fortificante, especialmente útil contra los problemas bronquiales y respiratorios en general, y también en caso de tener las uñas quebradizas.
Ajo	Ácido fólico, vitamina C, calcio, hierro y potasio.	Vitaminas del grupo B y zinc.	Es recomendable la ingestión de una pequeña cantidad de este zumo (por razones obvias), pero es un antioxidante muy potente y estimula el sistema inmunológico, protege el corazón y activa la circulación. Es antivírico y elimina los parásitos estomacales e intestinales.
Batata	Betacaroteno, ácido fólico, vitaminas C y E, calcio, cloro, magnesio, fósforo y potasio.	Vitaminas del grupo B, sodio, azufre y hierro.	De sabor más agradable que el de patata y más nutritivo, este zumo antioxidante y estimulante del sistema inmunológico contribuye a la protección de las células.
Rábano	Ácido fólico, vitamina C, calcio, hierro, magnesio y potasio.	Vitaminas del grupo B, sodio, azufre y zinc.	Tiene un fuerte sabor picante, por lo que sólo conviene añadir un poco para combinarlo con otros zumos. Importante desintoxicante, antioxidante y vigorizante, está especialmente indicado para las infecciones respiratorias (ayuda a eliminar las mucosidades).

Otras
frutas y hortalizas

Fruta	Rica en	Contiene también	Beneficios
Arándano azul	Betacaroteno, vitamina C y ácido fólico.	Hierro, calcio y potasio.	Zumo oscuro, dulce y espeso, es mejor diluirlo. Potente estimulante del sistema inmunológico y antioxidante.
Arándano	Betacaroteno, vitamina C, ácido fólico, calcio, magnesio, fósforo, fósforo y potasio.	Vitaminas del grupo B, cobre y hierro.	Significativamente amargo, es mejor combinarlo con un zumo más dulce y disfrutar de su sabor fuerte. Este estimulante del sistema inmunológico y antioxidante es apropiado para combatir la cistitis y las infecciones de orina.
Higo	Betacaroteno, vitamina C, ácido fólico, calcio, hierro y potasio.	–	De sabor delicado, conviene combinarlo con otros zumos. Contribuye a mejorar el sistema inmunológico y es antioxidante, indicado para limpiar el aparato digestivo.
Grosella	Betacaroteno, vitamina C, calcio, azufre, magnesio, fósforo y potasio.	Vitaminas del grupo B, vitamina E, hierro y zinc.	Es aconsejable combinarlo con un zumo más dulce. Antioxidante, contribuye al buen funcionamiento del sistema inmunológico.
Pomelo	Betacaroteno, vitamina C, ácido fólico, calcio, magnesio, fósforo, potasio y bioflavonoides.	Vitaminas del grupo B, vitamina E, hierro, cobre, manganeso y zinc.	Este zumo también debe combinarse con otro más dulce. Favorece el sistema inmunológico, es muy depurador y reduce el colesterol.
Guayaba	Betacaroteno, vitamina C, calcio, magnesio, fósforo y potasio.	Vitaminas del grupo B, hierro y zinc.	Delicioso zumo espeso, ideal para combinarlo con otros. Antioxidante y depurador.
Limón	Betacaroteno, vitamina C, calcio, magnesio, fósforo, potasio y bioflavonoides.	Vitaminas del grupo B y hierro.	Zumo muy amargo empleado para dar sabor a otros combinados más dulces. Es bueno para combatir las infecciones y muy depurador, sobre todo para los riñones y el hígado.
Lima	Betacaroteno, vitamina C, bioflavonoides, ácido fólico, calcio, fósforo y potasio.	Vitaminas del grupo B, hierro y zinc.	Muy parecido al zumo de limón. Antioxidante, contribuye a mejorar el funcionamiento del sistema inmunológico.
Granadilla	Betacaroteno, calcio, vitaminas B3 y C, magnesio, fósforo y potasio.	Vitaminas del grupo B y hierro.	Zumo dulce adecuado para combinar con otros. Antioxidante y muy útil para limpiar el tracto digestivo.
Mandarina	Betacaroteno, calcio, ácido fólico, vitamina C, magnesio, fósforo y potasio.	Vitaminas del grupo B, hierro.	Versión más dulce del zumo de naranja. Antioxidante, estimulante del sistema inmunológico y depurador.

Hortaliza	Rica en	Contiene también	Beneficios
Alfalfa	Betacaroteno, calcio, magnesio, fósforo, potasio, silicio, complejo vitamínico B y vitaminas C y E.	–	No es un zumo especialmente sabroso, por lo que es mejor combinarlo con alguno dulce (por ejemplo, zumo de zanahoria). Gran antioxidante y estimulante del sistema inmunológico.
Brotes de soja	Vitaminas del grupo B.	–	En este caso también es conveniente diluirlo con un zumo más dulce. Sus propiedades antioxidantes y depuradoras compensan su exótico sabor.
Col de Bruselas	Betacaroteno, calcio, ácido fólico, vitamina C, magnesio y potasio.	Vitaminas del grupo B, zinc y hierro.	Demasiado fuerte para beberlo solo, hay que diluirlo con zumo de zanahoria. Otro potente antioxidante.
Coliflor	Betacaroteno, calcio, ácido fólico, vitamina C, magnesio, fósforo y potasio.	Vitaminas del grupo B, hierro y zinc.	Se debe combinar con zumos más dulces. Buen antioxidante, depurador.
Berza rizada	Betacaroteno, calcio, hierro, ácido fólico, azufre, potasio, fósforo, sodio y vitaminas B3 y E.	Vitaminas B1 y B2.	Como todas las hortalizas con hojas de color verde oscuro, la berza rizada produce un zumo de fuerte sabor que debe diluirse con otro más suave. Depurador, antioxidante, estimulante del sistema inmunológico.
Puerro	Betacaroteno, vitamina C, ácido fólico, biotina, calcio, cloro, magnesio, fósforo y potasio.	Vitaminas del grupo B, vitamina E, hierro y zinc.	Zumo con sabor a cebolla (pero menos fuerte que ésta) con claras propiedades antioxidantes, vigorizantes y beneficiosas para el sistema inmunológico. Bueno contra la artritis y otras afecciones inflamatorias. Relajante para el sistema nervioso.
Patata	Vitamina C, ácido fólico, calcio, cloro, potasio, azufre y fósforo.	Vitaminas del grupo B, hierro y zinc.	Se prescribe tomar una pequeña cantidad combinada con otros zumos. Zumo de gran poder depurador, bueno para el sistema nervioso y los problemas cutáneos.
Algas marinas	Betacaroteno, vitamina B12, calcio, yodo, hierro, magnesio, potasio y zinc.	–	Zumo salado, repleto de minerales. Potente desintoxicante y vigorizante.

Hierbas y especias

Hierbas y especias	Rica en	Beneficios
Cebollino	Betacaroteno, vitamina C, calcio, hierro y zinc.	De sabor picante, imprime su sabor a otros zumos y posee muchas de las propiedades del zumo de cebolla, aunque en menor grado.
Jengibre	Betacaroteno, vitamina C, calcio, hierro, zinc y unos aceites únicos que estimulan la circulación.	Esta deliciosa especia permite el aumento del calor corporal, favorece la circulación, alivia dolores y molestias, las náuseas y la indigestión, los resfriados y el dolor de garganta.
Menta	Betacaroteno, vitamina C, calcio y hierro.	De sabor fresco y estimulante para el sistema digestivo, es depuradora y antioxidante.
Perejil	Betacaroteno, vitamina C, ácido fólico, calcio, hierro, zinc y potasio.	Antioxidante, depurador, relajante; bueno para los sistemas digestivo y nervioso; diurético; útil contra las afecciones de la vejiga urinaria o los riñones.

Si ya se ha convencido de que los
zumos de frutas y hortalizas tienen un efecto positivo para la salud, el paso siguiente consiste en planificar la incorporación de los zumos a su
dieta. De hecho, preparar zumos no tiene ningún miste-
rio, es un proceso muy simple, y comprar una licuadora resulta muy sencillo, gracias a la amplia variedad de modelos
disponibles en el mercado, desde las más asequibles hasta los

Ponga zumos en su vida

robots de cocina más complejos y caros. Este capítulo le guiará en
el proceso de elección del tipo de licuadora más adecuado a sus
necesidades. Además, aprenderá qué es apropiado para preparar
zumos (algunas de las frutas y hortalizas aquí relacionadas
pueden sorprenderle, pero las encontrará deliciosas cuando las pruebe), qué buscar cuando adquiera los productos, cómo disponer las frutas y hortalizas para exprimirlas e incluso cómo hacer verdaderos
polos de frutas para los niños.

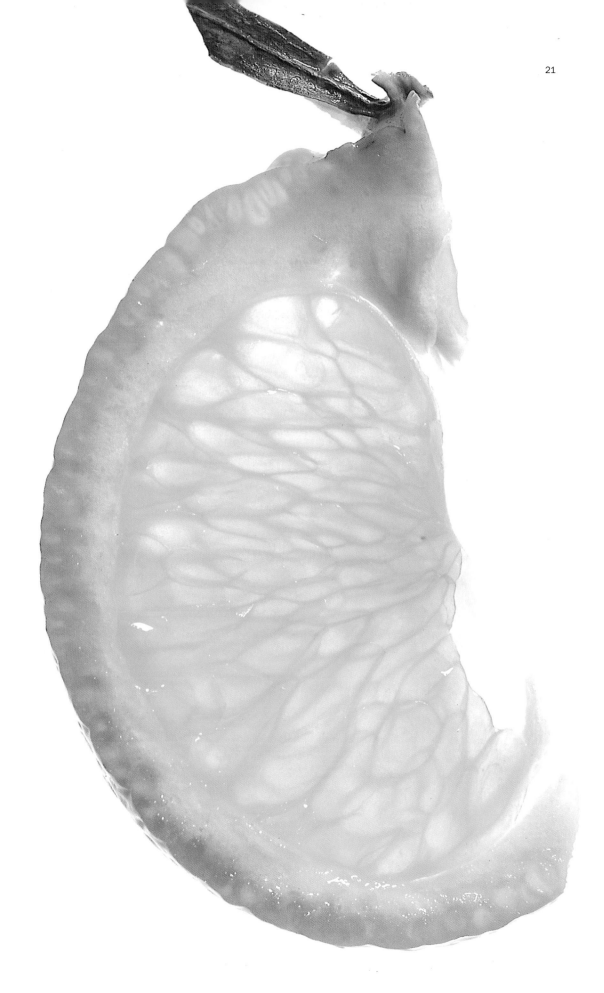

Zumos
caseros

siempre tendrá su valor nutritivo más alto en el momento de prepararlo. Después se deteriora progresivamente y su alimento se pierde. Por eso, el zumo preparado en casa e ingerido inmediatamente proporciona los mayores beneficios para la salud. Aun así, si puede comprar una botella de zumo de zanahoria fresca en el colmado la esquina o cerca de su oficina, aprovéchelo.

La otra opción, si pasa el día fuera de casa, es un local especializado en zumos. Cada día se abren nuevos establecimientos de este tipo en ciudades de todo el mundo. Ofrecen interesantes inventos, muchos con aditivos especiales como la espirulina, que aportan complementos dietéticos muy saludables. Compruebe primero los ingredientes antes de decidirse por uno; algunos contienen productos lácteos para que sean más cremosos, o bien frutos secos (que puede suponer un problema si usted padece alguna alergia alimentaria), mientras que otros contienen ingredientes que las personas sometidas a dieta probablemente querrán evitar, como la leche de coco. Estos establecimientos también son una gran fuente de inspiración a la hora de preparar sus propios combinados, ya que allí se pueden encontrar ingredientes nuevos muy interesantes, que de otro modo difícilmente se le podrían ocurrir.

Pero nada superará a un zumo casero. Tiene un sabor maravilloso y es mucho más nutritivo que cualquiera del estante de la tienda de comestibles. Sin embargo, no espere que tenga el mismo aspecto. Quizá se sorprenda un poco por su color vivo o su turbidez, su consistencia mucho más densa o la espuma de la superficie. No se preocupe, así es como se supone que deben ser los zumos caseros. Limítese a removerlos (no los cuele) y tómeselos.

Los zumos que prepare en casa tendrán, por lo general, un escaso parecido a los que pueda adquirir en la tienda de comestibles. Esto es cierto por los siguientes motivos: su aspecto, su sabor y su valor nutritivo. El zumo que se vende en las tiendas suele ser concentrado en su origen y contiene varios aditivos nocivos, incluyendo azúcar y conservantes. Si compra un cartón de zumo, busque siempre uno que prometa un cien por cien de zumo «fresco» puro. No se deje engañar por los distintos tipos de bebidas exóticas a base de «zumo». Sólo contienen una pequeña proporción de fruta y sus principales ingredientes son agua y azúcar.

Existen algunas honrosas excepciones, en forma de zumos recién exprimidos –normalmente de naranja, manzana o zanahoria–, aunque el zumo

Nada supera a un zumo
casero. Su sabor es
delicioso y resulta mucho
más nutritivo que los
zumos que se venden
en las tiendas de
comestibles.

Zumos
para todo el día

Consumir zumos recién hechos le reportará grandes beneficios a largo plazo pero, además, descubrirá que tienen un efecto inmediato mayor de lo que esperaba. Esto se debe en parte a que, al ser tan depuradores, los zumos tienden a limpiar el aparato digestivo, por lo que quizá tenga que ir al servicio con más frecuencia de lo habitual. Algunos zumos liberan al hígado de una acumulación tóxica o limpian los riñones, con lo que mejora la función depuradora de estos órganos. A medida que los zumos desintoxiquen su organismo, quizás experimente efectos secundarios indeseados, como jaquecas o manchas en la piel. No se preocupe. Se trata de problemas muy puntuales y efímeros, de manera que cuando el organismo se vaya limpiando y se acostumbre a los zumos frescos, los efectos secundarios desaparecerán.

Para empezar, probablemente la cantidad óptima son dos vasos de zumo al día. Lo ideal es prepararse uno a primera hora de la mañana, con el desayuno, y el otro para almorzar. Si esto último no es posible, se puede tomar el segundo zumo a primera hora de la tarde, siempre que elija uno que no tenga un efecto demasiado estimulante, que podría provocar insomnio. Si su organismo acepta cómodamente dos zumos al día, puede pasar a tres inmediatamente. No obstante, si acusa efectos secundarios, concédase el tiempo necesario para acostumbrarse a los zumos antes de aumentar la cantidad.

Muchas personas acostumbradas a consumir zumos pueden tomar seis o incluso ocho vasos de zumo al día, sobre todo si siguen un programa de depuración a base de zumos (véanse págs. 100-123).

Sin embargo, dos o tres vasos grandes de zumo recién preparado al día, ingeridos con regularidad, constituyen una manera ideal de proteger la salud.

Todos y cada uno de los zumos descritos en este libro tienen un efecto concreto. Muchos de ellos pueden emplearse como un componente más de un programa de curación, en cuyo caso conviene limitarse a los tipos de zumo específicos. Por otra parte, si usted decide tomar zumos principalmente como medio para mejorar su sistema inmunológico y su salud en general, debería consumir la variedad más amplia posible de zumos. No obstante, es necesario equilibrar los zumos de frutas con los de hortalizas. Los zumos de frutas son deliciosos, pero suelen contener demasiados azúcares naturales (fructosa) que podrían sobrecargar el organismo, por lo que deben alternarse con los de hortalizas.

	Si toma tres zumos al día, siga este programa para equilibrarlos
Desayuno	■ Una manera ideal de empezar el día es tomando zumo de frutas, sobre todo si contiene manzana, que limpia el sistema y aporta energía para el día que le espera.
Almuerzo	■ Un zumo dulce de hortalizas es un buen tentempié a mitad del día, cuando la energía empieza a flaquear. Uno con zanahoria o remolacha como base del combinado estimula todo el organismo.
Merienda	■ Un zumo de hortalizas de hojas de color verde oscuro es curativo y relajante. Muchos de estos zumos son excelentes para depurar la sangre y tienen un efecto balsámico para todo el organismo.

Qué zumo preparar
y **qué añadir a los zumos**

En cuanto haya comprado una licuadora y empiece a experimentar, descubrirá que la cuestlón principal consiste en saber qué añadir y qué no al zumo. En las tiendas de comestibles hay poco donde elegir: normalmente sólo naranja, melocotón, manzana, piña, tomate y zanahoria. Sin embargo, como usted comprobará, estos productos industriales se parecen muy poco a los verdaderos zumos caseros. Como incluso los «frescos» suelen tener como mínimo un par de días de antigüedad, habrán perdido gran parte de su potencial cuando usted los consuma.

La mayoría de las frutas y hortalizas puede pasarse por la licuadora para extraerles su jugo, por improbables que parezcan a primera vista algunas de las msimas. De hecho, incluso de las hortalizas de raíz subterráneas más sólidas, que parecen no contener jugo alguno, se obtienen unos zumos sorprendentemente buenos. También puede añadir especias y hierbas frescas a sus propios inventos a fin de obtener toda una nueva gama de nutrientes y sabores. El jengibre fresco, por ejemplo, aporta un buen sabor a muchas bebidas, especialmente las que contienen manzana. Está ampliamente reconocido que actúa como estimulante, además de proporcionar calor corporal.

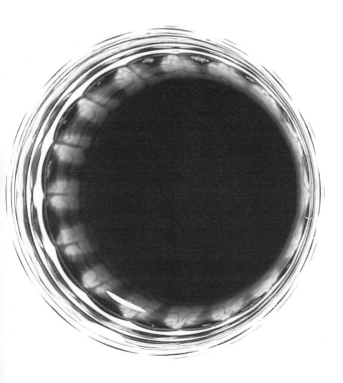

REGLAS DE ORO PARA PREPARAR ZUMOS

1 Prepare los zumos de hortalizas y de frutas por separado, con la excepción de la manzana y la zanahoria, que combinan con cualquier tipo de zumo y trasgreden la citada regla.

2 Cuanto más oscuro sea el zumo, más requerirá ser diluido. Tenga cuidado al preparar zumos fuertes (como el de berro) sin combinar. Los sabores fuertes deben diluirse en agua o combinarse con otros zumos, como los de zanahoria o pepino. De todos modos, realice siempre la dilución
en agua para los niños pequeños (véase pág. 85).

3 Intente adquirir siempre productos biológicos para poder utilizar la fruta o la hortaliza entera, incluyendo las hojas, los tallos y las raíces.

4 Siempre que sea posible, raspe la superficie de las frutas y hortalizas, en vez de pelarlas.

5 Varíe los zumos a fin de consumir una amplia gama de frutas y hortalizas. En la página 24 se ofrecen consejos sobre cuándo tomar zumos de fruta o de hortalizas.

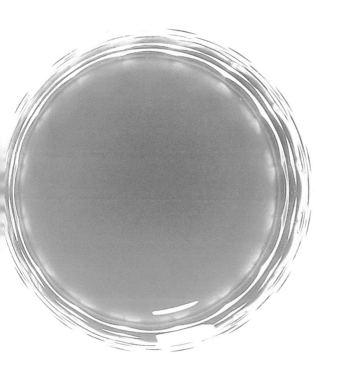
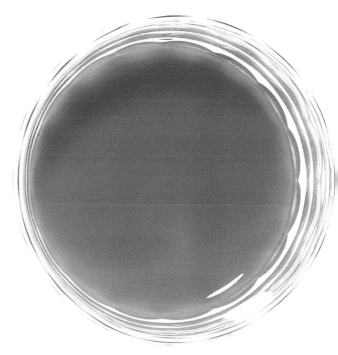

Sólo lo **mejor**

Cuando vaya al mercado a comprar fruta y hortalizas para preparar zumos, recuerde una regla sencilla: compre lo mejor. No caiga en la tentación de pensar que, como beber de un vaso no es lo mismo que presentar la comida en una fuente, puede adquirir productos a los que se les haya pasado evidentemente su fecha óptima de consumo. Cuanto mejor sea el estado de los productos crudos que utilice, mayor será el valor nutritivo del zumo y tendrá un mejor sabor.

En general, siempre es aconsejable comprar frutas y hortalizas de temporada. Esto le garantizará que no han sido forzadas a madurar antes de tiempo, lo que suele significar que se ha abusado de los fertilizantes y se han sometido a condiciones de crecimiento poco naturales. Lo mismo ocurre con las versiones en miniatura de algunas verduras, como el maíz. Naturalmente, si usted vive en un clima frío, algunas frutas (como el plátano y el mango) no serán nunca de temporada, ya que no crecen en su región. Si tienen que recorrer un largo viaje, es posible que hayan sido sometidas a refrigeración durante mucho tiempo, o que se hayan recogido mucho antes de estar maduras para soportar el viaje. A pesar de ello, dado su sabor tan delicioso, puede utilizarlas. Elija con cuidado y busque productos que no sean demasiado duros ni de color demasiado claro.

Por regla general, conviene elegir la fruta madura, pero no excesivamente. Cuando la fruta está en su momento óptimo de madurez tiene un valor nutritivo particularmente alto, y también produce más zumo. Las frutas maduras, además, exigen menos esfuerzo al aparato digestivo. Evite todo lo que esté golpeado o mustio y todo lo que haya perdido su lozanía por pasar demasiado tiempo en un estante. Si le parece evidente que una fruta no ha sido recogida recientemente, busque productos que se hayan mantenido, al menos, semirrefrigerados.

A la hora de elegir las horatalizas, es importante que estén en el mejor estado posible. La razón

de ello es que así podrá extraer el jugo de sus hojas exteriores –en realidad, a menudo es la parte más nutritiva (junto con los tallos y las raíces), siempre que procedan de cultivos biológicos (véanse págs. 30-31).

Busque las hortalizas lo más frescas posible o cultívelas en su propio huerto. Si le es posible cultivarlas, se asegurará la máxima frescura, ya que podrá extraerles el zumo en cuanto las recoja. Existen muchas granjas y huertos que venden directamente al público; allí podrá comprar productos recién recogidos. De hecho, en algunas granjas se puede recoger la fruta y la verdura personalmente y además ahorrarse dinero.

Por otra parte, cada vez hay más servicios de entrega de fruta y hortalizas biológicas directamente a domicilio. Esto puede resultarle muy divertido si se decide por una caja mixta de productos semanal, cuyo contenido dependerá de lo que esa empresa de distribución haya decidido que está en las mejores condiciones. De este modo, se llevará una sorpresa cuando abra la caja.

LO QUE NO PUEDE EXPRIMIR

Hay algunas frutas que no sirven para preparar zumos, por buena que sea su licuadora. Su jugo no puede separarse de la pulpa y por lo tanto se extrae muy poca cantidad, o bien sólo una pasta que se deposita en el fondo del vaso. Sin embargo, merece la pena exprimir algunas de ellas (el plátano y la papaya son dos ejemplos), por la simple razón de que su sabor es delicioso. Remueva bien el zumo cuando se lo tome para que esté bien combinado. Sin embargo, con otras frutas, como el aguacate, no merece la pena el esfuerzo, es mejor comérselas directamente.

¿Por qué **biológico**?

Además de comprar frutas y hortalizas que se encuentren en el momento de máximo valor nutritivo, también es importante, siempre que sea posible, adquirir productos biológicos. Actualmente, existe una cierta sensibilidad sobre el posible efecto perjudicial para la salud derivado de la concentración de los productos químicos agrícolas que se detectan en los alimentos, y por ello las normativas gubernamentales estipulan los niveles aceptables por razones de seguridad. De hecho, se han detectado concentraciones de residuos químicos significativamente mayores a los aceptables en numerosas muestras de alimentos y esto es, evidentemente, muy preocupante.

En el Reino Unido, por ejemplo, en marzo de 1997, el Ministerio de Agricultura Británico descubrió que la concentración de residuos de pesticidas y organofosfatos en las manzanas y los melocotones excedía sus propias directrices de seguridad y aconsejó oficialmente que toda la fruta que se daba a los niños se pelara antes de consumirla. Sin embargo, así no se eliminan los pesticidas sistémicos, que son absorbidos por la fruta.

PELIGROS QUÍMICOS Y GENÉTICOS

Por otra parte, si bien la elevada concentración de sustancias químicas concretas es peligrosa, también los niveles bajos pueden ser perjudiciales para las personas; por eso es razonable intentar evitarlos por completo. Las pruebas realizadas con voluntarios expuestos a cierto pesticida para manzanas, por ejemplo, tuvieron como resultado jaqueca, diarrea y retortijones estomacales, así como efectos nocivos para el plasma sanguíneo que se prolongaron hasta cuatro semanas. Además, a menudo se emplean distintas sustancias químicas en una misma cosecha, y esa combinación crea una serie de efectos que puede aumentar la toxicidad del producto.

Una de las tendencias más preocupantes de los últimos tiempos es el uso intensivo de fertilizantes compuestos principalmente por nitratos. Los nitratos no son peligrosos hasta que reaccionan con otras sustancias químicas y forman nitritos. Si el nitrato se convierte en nitrito dentro del tracto digestivo humano, puede pasar a formar nitrosaminas cancerígenas. Los niveles excesivos de nitratos pueden provocar cianosis por nitratos (a menudo llamada «síndrome del bebé azul»), que afecta a bebés de menos de seis meses. La concentración de nitratos es particularmente alta en las hortalizas cultivadas de forma intensiva en invernaderos.

Mientras tanto, aparecen en el mercado nuevos fertilizantes, pesticidas y herbicidas. Lo más preocupante quizá es que resulta prácticamente imposible realizar pruebas sobre sus efectos a largo plazo antes de que ya hayan llegado a nuestros alimentos.

Los métodos agrícolas utilizados no son el único origen de riesgos. El contenido de metales pesados de los humos de escape de los vehículos a motor también puede contaminar la comida. Por eso no hay que comprar alimentos que se vendan junto a una carretera muy transitada.

La situación es más preocupante si cabe respecto a los alimentos modificados genéticamente. Existe ya la impresión generalizada de que no ha habido suficiente tiempo para evaluar los posibles efectos a largo plazo para la agricultura y la producción de alimentos, o incluso para la propia naturaleza, y que una vez implantado en el sector agrario, su difusión será prácticamente inevitable.

MEJOR VALOR NUTRITIVO

A pesar de los riesgos potenciales de consumir productos no biológicos, cada vez hay más pruebas de que las frutas y hortalizas biológicas tienen un mayor valor nutritivo. Más de treinta estudios han de-

mostrado que los niveles de nutrientes individuales importantes, como la vitamina C y el zinc, son, en general, más altos en los productos biológicos.

Finalmente, hay otra buena razón para comprar alimentos biológicos. Adicionalmente a las cuestiones relacionadas con la salud y el valor nutritivo de los alimentos, también existe el hecho indiscutible de que la mayoría de las personas encuentran las frutas y hortalizas biológicas más sabrosas, sencillamente deliciosas.

Preparar

zumos es uno de los

procesos más simples de la

cocina, y se puede realizar con

casi todas las frutas y hortalizas.

Sin embargo, hay que tener una

licuadora apropiada. No se puede triturar

la fruta con una simple batidora, a menos que

tenga un acoplamiento especial para zumos. Además

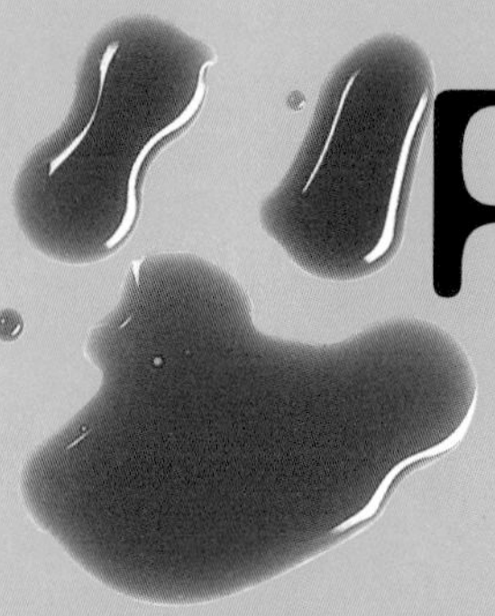

Preparación de zumos

de la licuadora, el único material necesario es un cuchillo afilado y una

tabla de cortar. Preparar las frutas y hortalizas también es muy simple:

básicamente consiste en trocearlas en el tamaño adecuado para que

quepan en la licuadora. Hay que descartar ciertas partes, por

ejemplo las pepitas o la piel muy dura, pero, en general,

las frutas y hortalizas, siempre que sean biológicas

y estén bien lavadas, deben exprimirse en

el estado más completo posible.

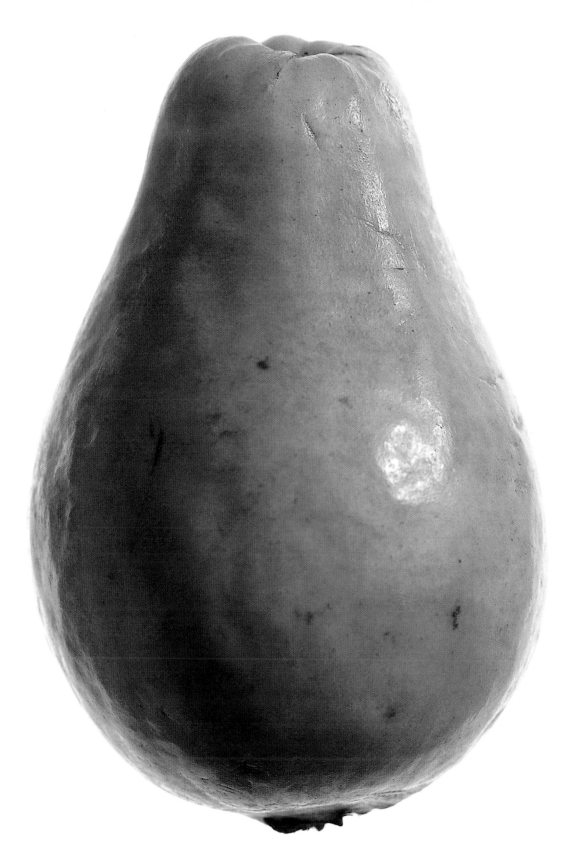

Elección
de la licuadora

Las licuadoras son, cada vez más, un elec-
trodoméstico habitual en las cocinas, ya
que muchas personas, tentadas por lo
que han probado en establecimientos especializa-
dos o lo que han encontrado en la sección de zumos naturales de la tienda de comestibles, han
decidido prepararse sus propios zumos en casa.

Lo único que hay que recordar al preparar zumos caseros es que se debe usar la licuadora
apropiada. No se puede preparar un buen zumo en
una batidora o picadora, porque sólo una licuadora
separa el jugo de la pulpa. Es posible prepararlo a
mano, pero exige tanto tiempo y ensucia tanto,
puesto que implica exprimir interminablemente la
fruta y pasar la pulpa por un tamiz, que el esfuerzo
no merece la pena, francamente.

Las licuadoras son ahora más baratas y es
muy fácil encontrarlas. Éstas son las opciones:

1 Exprimidor de cítricos. Es la forma de licuadora más simple y barata y, en su forma más
sencilla, como exprimidor de naranjas, está presente en prácticamente todas las cocinas. Existen
versiones manuales, en las que se exprime el zumo
sobre un cono central, y también hay versiones eléc-
tricas, que actúan con el mismo principio. Naturalmente, sólo pueden emplearse para cítricos como li-
mones, naranjas, limas y pomelos. Sin embargo, al
cuerpo sólo le conviene ingerir una cantidad pequeña
de zumo de cítricos, pues su naturaleza ácida puede
resultar muy abrasiva para el aparato digestivo.

Los cítricos pueden exprimirse de cualquiera
de las otras maneras de preparar zumos que se
describen, pero es importante acordarse de eliminar la mayor parte posible de piel y pulpa.

2 Licuadora centrifugadora. Las licuadoras
más compactas, baratas y fáciles de encontrar actúan gracias a la fuerza centrífuga. Las
frutas y hortalizas se introducen en un rallador que
gira a gran velocidad y separa la pulpa (retenida en el
cuerpo de la máquina) del jugo (que cae en un recipiente independiente). Los expertos en zumos afirman que las licuadoras centrifugadoras proporcionan
menos nutrientes que los modelos trituradores (véase a continuación), aunque esta aseveración no ha
sido demostrada. Lo que sí es cierto es que con las
licuadoras centrifugadoras se obtiene menos zumo.

3 Licuadora trituradora. Este tipo de licuadora aplasta la fruta u hortaliza y la empuja
con gran fuerza a través de una malla de
alambre, produciendo de este modo una gran cantidad de jugo. Suele ser más cara que las licuadoras centrifugadoras.

4 Prensa hidráulica. Esta licuadora extrae
el jugo simplemente ejerciendo una presión
muy fuerte sobre la fruta o verdura. El jugo
se filtra a través de un colador de malla o museli-
na; es eficaz, pero muy cara.

LIMPIEZA DE LA LICUADORA

Uno de los aspectos más importantes que debe tener en cuenta al elegir una licuadora es si se puede desmontar y montar fácilmente; analice todos los modelos disponibles según su presupuesto bajo este punto de vista. Si desmontarla y limpiarla fácilmente es imposible, es poco probable que la utilice con regularidad, porque eso se convertirá en una labor muy pesada. Asegúrese de que puede acceder a todos sus rincones para limpiarla, ya que la pulpa es generalmente de difícil extracción.

Si compra una licuadora pequeña, tenga en cuenta también que, para preparar una gran cantidad de zumo, necesitará vaciarla y limpiarla a mitad de la operación, ya que la máquina se atascará con la pulpa.

Preparación
de los alimentos

Como ya se ha sugerido, siempre es preferible comprar frutas y hortalizas biológicas, si es posible. Hay que evitar los pesticidas, fertilizantes y herbicidas, si lo que en última instancia se desea es el efecto depurador y desintoxicante del zumo fresco natural. Por desgracia, los alimentos biológicos no suelen encontrarse con facilidad, aunque cada vez es más fácil acceder a ellos.

Se debe lavar a conciencia cada pieza, puesto que, con pocas excepciones, no hay que mondarlas para preparar el zumo. Si compra productos biológicos, utilice todas las hojas y también las partes verdes. Al mondar las frutas y hortalizas, se pierden enzimas, minerales y vitaminas que están justo debajo de la superficie de la piel y es deseable hacer lo posible por conservarlas para obtener los máximos nutrientes para nuestro organismo.

LAVE LA FRUTA Y LAS HORTALIZAS

Si utiliza productos biológicos, debe lavar a conciencia en agua tibia toda la fruta y las hortalizas que exprimirá con piel. Si no utiliza productos biológicos, lávelos en agua tibia con un poco de lavavajillas disuelto en el agua y luego aclárelos a fondo en agua fría limpia (bajo el grifo). Si la fruta y las hortalizas tienen mucha tierra o su superficie es rugosa, utilice un cepillo limpio para frotarlas suavemente.

PIQUE LOS PRODUCTOS

Necesitará un cuchillo afilado, o muy afilado en el caso de las hortalizas de raíz, y una tabla de cortar. Trocee los productos frescos en el mayor tamaño que su licuadora pueda procesar. Es aconsejable que empiece a cortarlos sólo cuando esté a punto de preparar el zumo: así la fruta y las hortalizas se oxidarán lo mínimo posible y se perderán pocos nutrientes vitales.

ZUMOS HOLÍSTICOS

Al preparar zumos, debe incluir la mayor parte posible de la fruta u hortalizas, si son biológicas. Sin embargo, cuando no lo sean, evite las hojas, las raíces y los tallos.

Si el producto es biológico, todo puede ir a la licuadora. Esto incluye la piel de la mayoría de frutas y hortalizas, pero excluye las cáscaras muy duras como las del melón, la sandía, la piña, el plátano, el mango, la papaya, la naranja y el limón. Las pepitas de manzana, naranja, uva, pera, etc., pueden introducirse también en la licuadora, pero no los huesos de albaricoque, ciruela, melocotón, cereza y mango. La mayoría de las semillas pueden exprimirse, incluyendo las del melón o la sandía, pero las de papaya deben apartarse antes de preparar el zumo. Extraiga los tallos de uva, mora o arándano antes de exprimirlos, aunque como no son demasiado leñosos no es necesario ser excesivamente escrupuloso.

Las hojas externas de las hortalizas como la col y la lechuga también pueden exprimirse y no desecharlas como se hace muchas veces. De hecho, a menudo contienen la concentración más alta de nutrientes. Emplee siempre la piel externa de las hortalizas (limítese a frotarlas enérgicamente), a menos que estén recubiertas de cera, como ocurre a menudo con los pepinos. Las pieles con la textura del papel, como las de la cebolla y el ajo, deben mondarse por completo.

Todas las frutas y hortalizas que se expriman con piel deben lavarse exhaustivamente en agua tibia.

Almacenamiento de
productos y zumos

Consuma siempre la fruta y las hortalizas lo antes posible. Cuanto más fresco esté el producto, más fresco y nutritivo será el zumo. Antes de prepararlo, guarde todos los ingredientes maduros (con la excepción de los plátanos, que se ennegrecen enseguida) en el frigorífico. Si la fruta o las hortalizas no están maduras, déjelas a temperatura ambiente un tiempo más, pero vigílelas atentamente (especialmente las biológicas), ya que suelen criar moho con mucha rapidez.

Si puede, utilice las hierbas y los brotes que aún estén creciendo en sus recipientes cuando los compre: así seguirán generando nutrientes hasta el último minuto antes de consumirlos.

Naturalmente, lo mismo se recomienda si usted dispone de un jardín o de un huerto. Para obtener el máximo beneficio de la frescura de los productos, recójalos en el momento en que vaya a preparar el zumo.

En cuanto corte una fruta o una hortaliza y la exponga al aire, se iniciará la oxidación, el proceso que oscurece una manzana, por ejemplo, cuando se corta por la mitad. Durante la oxidación, la fruta u hortaliza pierden nutrientes vitales. Por tanto, una de las reglas fundamentales de la preparación de zumos consiste en trocear las piezas sólo cuando vaya a consumirlas, y en utilizar la fruta u hortalizas en su totalidad, siempre que sea posible, en lugar de guardar las partes no empleadas. Es poco probable que consuma enteras las piezas de mayor tamaño, como el melón, la piña y la sandía, a menos que prepare zumo para muchas personas. Cuando utilice sólo una parte de una fruta grande, como una sandía, puede envolver herméticamente el resto con plástico de cocina y guardarlo en el frigorífico hasta que vaya a consumirlo.

ALMACENAMIENTO DE ZUMOS

La oxidación también tiene lugar después de preparar el zumo, por lo que otra regla de oro es ingerirlo inmediatamente después de prepararlo. Sin embargo, si usted va salir de casa y quiere llevárselo para tomarlo durante el día, puede meterlo en un recipiente al vacío o en una botella de cristal con tapón de rosca, que puede guardar en el frigorífico. Así se pierden algunos nutrientes pero, evidentemente, es mejor que no consumir zumo. Si el zumo contiene una mezcla de ingredientes, es muy probable que se separen a lo largo del día, por lo que conviene agitarlo bien antes de tomarlo.

Si está en casa y tiene una licuadora, es mejor preparar el zumo a medida que lo necesite, en lugar de hacer una gran cantidad y guardar el líquido en el frigorífico. Prepare distintas mezclas a lo largo del día, una opción más beneficiosa para la salud que utilizar un zumo concreto(a no ser que lo utilice para aliviar una dolencia en específica), además de ser un ejercicio más creativo.

ZUMOS CONGELADOS

Los zumos se pueden congelar, algo especialmente útil si tiene una buena cosecha de tomates o zanahorias en su huerto. Lo mejor es utilizar frutas u hortalizas de un mismo tipo, ya que las mezclas se separan y no se congelan bien.

El zumo congelado es ideal como polo para los niños. Los moldes para polos se venden actualmente en los grandes almacenes. Además, si los prepara usted, no sólo se asegurará de que no contienen aditivos, sino que además tendrán efectos positivos para la salud.

Aspectos prácticos
de los zumos

Hay varios aspectos prácticos que conviene tener en cuenta al preparar zumos. En el momento de exprimir el zumo, su máquina (especialmente si es de los modelos centrifugadores más pequeños) podrá procesar algunos tipos de frutas y hortalizas con más facilidad que otros. La mayor dificultad está en las hortalizas de raíz (como nabos de distintos tipos y patatas), las verdes fibrosas (como berros, espinacas y col) y las hierbas. La mejor manera de solucionar este problema es introducir únicamente pequeñas cantidades en la licuadora cada vez y alternarlas con una hortaliza (como zanahoria, apio o pepino) que se exprima con gran facilidad, para que de paso limpie la licuadora.

No hay que consumir sola ninguna hortaliza que sea difícil de exprimir como por ejemplo el brécol, la col o el apio. Como su sabor es muy fuerte, hay que combinarlas con otros productos. Es importante tener presente esta cuestión cuando empiece a inventar sus propios zumos.

Yo siempre recuerdo la primera vez que preparé zumo de berro. Tenía ganas de probarlo en forma de zumo porque los berros son algo que me gusta especialmente. Por supuesto, cuando intenté tomarlo sin combinar, sentí una gran decepción. Por eso no recomiendo consumirlo.

ZUMOS DILUIDOS

En general, puede resolverse el problema de los zumos con sabores muy fuertes combinándolos con otros más suaves y dulces. No obstante, ante determinadas circunstancias es conveniente diluir el zumo con agua. Los niños pequeños, los ancianos o las personas convalecientes de una enfermedad no deben consumir zumos fuertes sin diluir. En estos casos, diluya el zumo al gusto con agua filtrada o embotellada (sin gas) y, si lo prefiere más dulce, añada una cucharada de miel biológica.

INGREDIENTES ADICIONALES

A medida que adquiera experiencia con los zumos, quizá desee añadir hierbas y especias para mejorar el sabor y otras propiedades. Entre las propiedades del jengibre, por ejemplo, está la de proporcionar calor corporal; se sabe que alivia las dolencias respiratorias y proporciona una sensa-

ción de calidez y comodidad a las personas que no se encuentran bien. Hay varios ingredientes que se pueden espolvorear por encima de los zumos, en particular los de hortalizas. Entre ellos destacamos la espirulina, de venta en las tiendas de productos dietéticos, que contiene toda una colección de vitaminas (especialmente betacaroteno), minerales (principalmente hierro), enzimas, carotenos, aminoácidos y otros nutrientes vitales.

Además, varias semillas combinan bien con los zumos de hortalizas como las de sésamo y comino, y también el germen de trigo. Las semillas de sésamo y el germen de trigo pueden tostarse para realzar su sabor.

BATIDOS

Finalmente, los zumos pueden emplearse también para preparar batidos. Los de frutas son los más indicados, y la manera más fácil de preparar un batido es exprimir o licuar algunas de sus frutas favoritas y mezclarlas con yogur natural biológico en la licuadora. El yogur, evidentemente, diluye el sabor de la fruta, por lo que necesitará probar hasta conseguir el equilibrio que prefiera. Puede añadirle miel, si le gusta el sabor más dulce, o plátano, que también endulza y espesa.

Para obtener una crema espumosa muy fría, mezcle el zumo con leche en polvo descremada y unos cubitos de hielo en una batidora.

recetas de

zumos

Las recetas de esta sección del
libro se dividen en dos partes: las de frutas y las de
hortalizas. Los zumos de hortalizas tienden a contener más
antioxidantes con propiedades contra el cáncer y son un profundo
depurador y revitalizador para la sangre, los principales órganos y el tracto
digestivo. Algunas hortalizas, sobre todo las de la familia de la cebolla y casi
todas las de color verde, tienen un sabor muy fuerte y no deben consumirse solas,
sino combinadas con otros zumos de hortalizas más dulces, por ejemplo los de

100 recetas

zanahoria, remolacha o tomate. Los zumos de frutas que tienen un sabor maravilloso y un
atractivo especial para los niños, aportan mucha energía, ya que contienen azúcares de frutas
naturales. Sin embargo, consumirlos constantemente puede alterar el equilibrio de azúcar
en sangre, por lo que se deben alternar con otros de hortalizas. Un vaso cada mañana
es la cantidad diaria mínima para estimular el sistema inmunológico completo y
proteger la salud en general. En cuanto se acostumbre a los zumos frescos, podrá
tomar hasta cuatro o, si se está desintoxicando, seis diarios. Quizá necesite
más en situaciones de cansancio, estrés o convalecencia. Deje la
licuadora sobre la repisa de la cocina como recordatorio
de que dispone de una fuente de nutrientes
vitales a su alcance.

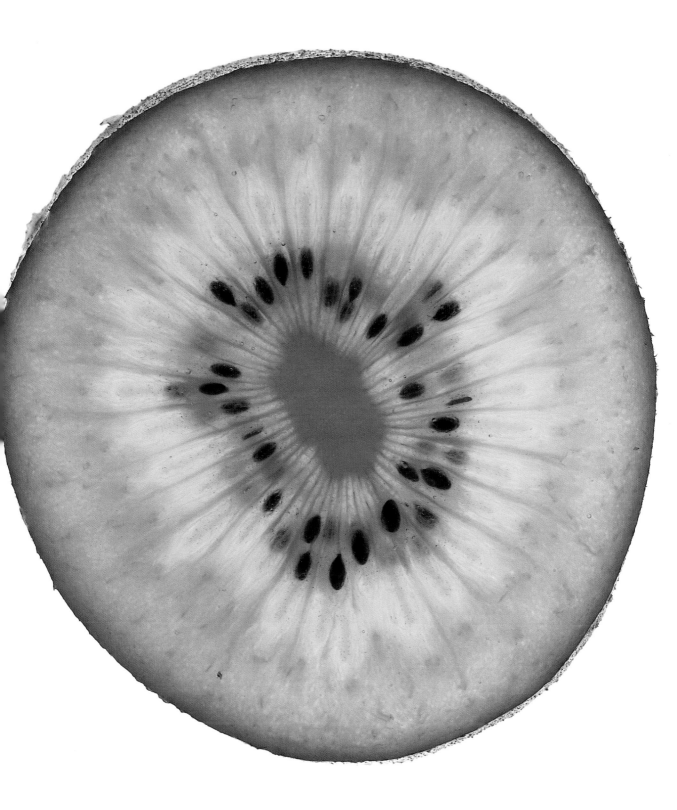

Manzana

▌ZUMO DE MANZANA

El zumo de manzana recién preparado es delicioso y mucho mejor que los zumos comerciales. Tiene un sabor dulce y se puede mezclar con casi cualquier otra fruta u hortaliza. Lleno de antioxidantes que protegen el organismo contra las infecciones y estimulan el sistema inmunológico, es un excelente desintoxicante (sobre todo del tracto digestivo), laxante y diurético. Reduce el colesterol, es bueno contra varios tipos de inflamación (incluyendo la gota, el reuma, y las dolencias pulmonares), proporciona energía y alisa la piel.

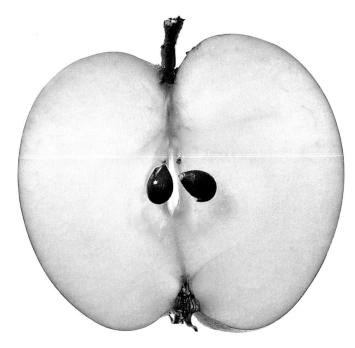

3 manzanas

■ Lave y exprima las manzanas, incluyendo las pepitas. Tómese el zumo al momento.

Rico en betacaroteno, ácido fólico, vitamina C, calcio, magnesio, pectina, fósforo y potasio.

Contiene también vitaminas del grupo B, vitamina E, cobre y zinc.

▌MANZANA, PIÑA Y JENGIBRE

Este zumo amarillo, cremoso y denso es una combinación maravillosa de dulzura con el aromático sabor del jengibre, que favorece el calor corporal. El jengibre es un gran estimulante para la circulación y al mismo tiempo alivia las náuseas y los dolores menstruales. La piña es muy depuradora y un útil cicatrizante, mientras que la manzana es, naturalmente, un gran depurador y un tónico general. Por lo tanto, este zumo posee un gran poder de recuperación para las personas indispuestas.

1 cm de raíz de jengibre
½ manzana
⅓ de piña grande

■ Pele el jengibre y la piña, lave la manzana y corte la piña en rodajas del tamaño adecuado para la licuadora. Exprima primero el jengibre y luego la fruta. Remueva la mezcla y bébasela inmediatamente.

Rico en betacaroteno, vitamina C, ácido fólico, pectina, calcio, magnesio, fósforo, potasio y bromelina.

Contiene también vitaminas del grupo B, vitamina E, cobre, hierro y zinc.

▌MANZANA, NARANJA Y PIÑA

Se trata de un zumo dulce y agradable, con un gran número de antioxidantes. Es muy depurador y estimula el sistema inmunológico, además de aportar una extraordinaria cantidad de energía. Considerado como un eficaz zumo contra el cáncer, también es muy beneficioso para el aparato digestivo.

2 manzanas
¼ de piña
1 racimo pequeño de uvas verdes
2 naranjas

■ Pele las naranjas y la piña, lave las manzanas y las uvas, descartando el escobajo de estas últimas. Trocee la fruta, exprímala y tómese el zumo sin demora.

Rico en betacaroteno, ácido fólico, vitamina C, calcio, magnesio, pectina, fósforo, hierro y potasio.

Contiene también vitaminas del grupo B, vitamina E, cobre y zinc.

Mora

Las moras tienen muchos nutrientes, pero dan muy poca cantidad de jugo, por lo que deben mezclarse con otras frutas que tengan un mayor contenido natural de agua. No obstante, la reducida cantidad de zumo que producen es una sustancia realmente potente, un tónico general y un depurador, que además estimula el sistema inmunológico de forma notable, algo que se considera especialmente efectivo contra las dolencias respiratorias y la anemia.

MORA Y SANDÍA

Se trata de un zumo oscuro, dulce y denso. Estimula el sistema inmunológico, es antioxidante, laxante y un gran vigorizador.

1 cestita de moras
⅙ de sandía
1 manzana
1 plátano

■ Lave las moras, lave y trocee la manzana; pele la sandía, pero no tire las semillas. Corte toda la fruta en rodajas para extraerle bien el zumo. Pele el plátano. Exprímalo todo en este orden: plátano, sandía, moras y manzana. Remueva el zumo y tómeselo inmediatamente.

Rico en betacaroteno, ácido fólico, pectina, calcio, magnesio, fósforo, potasio, sodio y vitaminas B5, C, E y K.

Contiene también otras vitaminas del grupo B, hierro, cobre y zinc.

Pera

ZUMO DE PERA

Las peras producen un zumo especialmente depurador que refuerza la salud y además representa una inyección de energía. Su alto contenido en yodo potencia la acción de la glándula tiroides y es a un tiempo diurético y ligeramente laxante. El dulce zumo de pera es exquisito y tiene uno de los aromas más intensos

y sugerentes de todas las frutas exprimidas. El factor más importante para preparar el mejor zumo de peras es que éstas estén realmente maduras. Las peras verdes producen un zumo mucho menos dulce y mucho menos líquido.

3 peras

■ Lave las peras, córtelas por la mitad y exprímalas (incluyendo las pepitas). Bébase el zumo al momento.
Rico en betacaroteno, ácido fólico, vitamina C, pectina, calcio, magnesio, fósforo y potasio.
Contiene también vitaminas del grupo B, hierro, cobre, manganeso y zinc.

PERA Y PLÁTANO

Este zumo es especialmente beneficioso contra el cansancio o el estrés. Tanto las peras como los plátanos tienen un efecto vigorizante para el cuerpo. También constituye un excelente desayuno.

3 peras
1 plátano

■ Pele y exprima el plátano. Extraiga los tallos de las peras, lávelas, córtelas y exprímalas. Remueva y tómese el zumo al instante.
Rico en betacaroteno, ácido fólico, yodo, calcio, pectina, magnesio, fósforo, potasio y vitamina C.
Contiene también vitaminas del grupo B, vitamina E, hierro, manganeso, cobre y zinc.

PERA Y PIÑA

Es un zumo dulce (dependiendo de la madurez de las frutas), cremoso y de color amarillo claro, muy potente como depurador. La piña contiene bromelina, que no sólo estimula el aparato digestivo, sino que en realidad elimina bacterias y parásitos, mientras que la pera actúa en los intestinos eliminando toxinas.

2 peras
¼ de piña

■ Lave las peras y retire la piel de la piña. Trocéelo todo en el tamaño adecuado para la licuadora. Remueva y bébase el zumo inmediatamente.
Rico en betacaroteno, ácido fólico, vitamina C, pectina, bromelina, calcio, magnesio, fósforo y potasio.
Contiene también vitaminas del grupo B, vitamina E, hierro, cobre, manganeso y zinc.

Arándanos

Los arándanos son potentes antioxidantes, pero dan muy poco zumo y su sabor es extremadamente fuerte, por lo que deben combinarse con algo dulce y jugoso. Merece la pena no sólo por su capacidad antioxidante, sino porque se dice que además protegen el organismo frente a las infecciones y ciertas formas de cáncer. Los arándanos actúan también como depurador de la sangre y vigorizante en general.

▌CÓCTEL
▌DE ARÁNDANOS

Es un buen zumo, protector y vigorizador en general, de aroma muy fuerte, dulce y sabroso, aunque ligeramente amargo. Si prefiere que sea más dulce, añádale otra manzana o plátano.

1 cestita de arándanos
1 cestita de arándanos rojos
1 plátano
1 manzana

■ Lave los arándanos y descarte los pedúnculos. Exprima primero los arándanos, luego pele el plátano y añádalo a la mezcla. Finalmente, lave y exprima la manzana. Remueva y tómese esta combinación al momento.
Rico en betacaroteno, ácido fólico, calcio, magnesio, fósforo, potasio y vitaminas C y E.
Contiene también vitaminas del grupo B, cobre, hierro y zinc.

Albaricoque

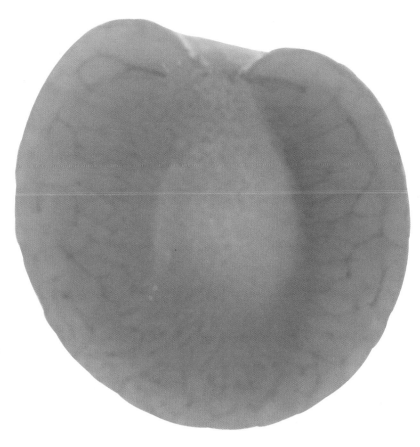

▌ZUMO DE ALBARICOQUE

Como los melocotones y nectarinas, los albaricoques sólo producen pequeñas cantidades de un jugo denso, dulce, muy aromático y sabroso. Sin embargo, está lleno de nutrientes y es un maravilloso antioxidante y vigorizante. Además, es ligeramente laxante y beneficioso para aliviar el síndrome premenstrual y los dolores de la menstruación.

3-4 albaricoques

■ Lave y corte los albaricoques por la mitad y extraiga el hueso. Exprímalos y beba el zumo inmediatamente.
Rico en betacaroteno, ácido fólico, calcio, magnesio, hierro, potasio y vitaminas C, B3 y B5.
Contiene también cobre y vitaminas B1, B2 y B6.

▌ALBARICOQUE Y KIWI

Como los albaricoques producen sólo una pequeña cantidad de líquido, es mejor consumir su zumo mezclado con el de otras frutas. Añadir kiwi es una manera excelente de diluir el sorprendente sabor del espeso zumo de albaricoque, y además aumenta su poder vigorizador y desintoxicante. Si puede, añada el kiwi con piel, ya que contiene muchos nutrientes valiosos. La piel también proporciona al zumo un sabor amargo y picante; de todos modos, pélelo si le resulta desagradable. La mezcla de albaricoque y kiwi beneficia mucho al sistema inmunológico así como al aparato digestivo, además de poseer propiedades laxantes.

4 albaricoques
1 kiwi

■ Lave los ingredientes y extraiga el hueso de los albaricoques. Pele el kiwi, si lo prefiere, luego exprímalo todo, remuévalo y tómese el zumo enseguida.
Rico en betacaroteno, ácido fólico, calcio, magnesio, hierro, potasio, fósforo, bioflavonoides y vitaminas C, B3 y B5.
Contiene también cobre, hierro y vitaminas B1, B2 y B6.

▌ALBARICOQUE Y PIÑA

Es un zumo dulce y delicioso. Lleno de antioxidantes protectores, es un suave depurador del aparato digestivo. Se dice que posee propiedades contra el cáncer. Este zumo también es beneficioso para combatir los resfriados.

4 albaricoques
½ piña
1 limón

■ Pele la piña y el limón. Lave los albaricoques a conciencia y extraiga el hueso. Exprima la fruta y beba el zumo inmediatamente.
Rico en betacaroteno, ácido fólico, bromelina, calcio, magnesio, fósforo, hierro, potasio, y vitaminas B3, B5 y C.
Contiene también otras vitaminas del grupo B, cobre y zinc.

Papaya

ZUMO DE PAPAYA

La papaya es probablemente mi fruta favorita. Cuando mi hijo y yo vivíamos en Polinesia, tomábamos una cada mañana para desayunar, cuando eran de temporada. Además de ser una manera deliciosa de empezar el día, uno de los efectos visibles era que, por primera vez en mi vida, tuve las uñas largas y fuertes.
Las papayas son potentes desintoxicantes y muy relajantes para el aparato digestivo. También se dice que protegen el organismo contra el cáncer. El zumo de papaya es muy aromático y absolutamente sabroso, pero quizá demasiado denso para tomarlo sin mezclarlo con nada más, a no ser que utilice una cuchara. Manipule con cuidado la papaya, ya que su piel y sus semillas pueden ser irritantes; lávese las manos y no se frote los ojos después de tocarla. Es una de las pocas frutas de las que recomiendo extraer las semillas. Si tiene una licuadora potente, puede dejar la piel. En caso contrario, pele la fruta antes de exprimirla.

2 papayas

■ Pele (o lávela si no tiene una licuadora potente) y corte la fruta por la mitad y luego extraiga las semillas. Trocéela, exprímala y tómese el zumo sin demora.
Rico en betacaroteno, vitamina C, calcio, papaína, fósforo, flavonoides, magnesio y potasio.
Contiene también vitaminas del grupo B, hierro y zinc.

PAPAYA Y JENGIBRE

Este zumo no sólo tiene un extraordinario sabor a especias exóticas, sino que también favorece el sistema inmunológico y se dice que combate el cáncer y los efectos del envejecimiento. Para aumentar aún más sus efectos, añada un poco de ginseng al cóctel.

2 papayas
1 cm de raíz de jengibre

■ Pele o lave las papayas y extraiga las semillas. Raspe el jengibre, exprímalo todo y beba el zumo inmediatamente.
Rico en betacaroteno, vitamina C, calcio, magnesio, fósforo, potasio, papaína y flavonoides.
Contiene también vitaminas del grupo B, hierro y zinc.

PAPAYA, PIÑA Y MANGO

Este zumo contiene dos de mis otras frutas isleñas favoritas y constituye un zumo deliciosamente dulce y aromático. La piña diluye el zumo de papaya y el de mango, y por lo tanto resulta más fácil tomárselo. Juntas, estas frutas forman un zumo protector y un potente antioxidante, que además es profundamente depurador y relajante para el aparato digestivo.

1 papaya
1 mango
¼ de piña

■ Pele toda la fruta y extraiga las semillas y huesos y trocéela. Este zumo se deposita en franjas rojas, naranjas y amarillas. Remueva bien la mezcla y bébasela enseguida.
Rico en betacaroteno, bromelina, ácido fólico, vitamina C, calcio, fósforo, flavonoides, magnesio y potasio.
Contiene también vitaminas del grupo B, hierro, zinc y cobre.

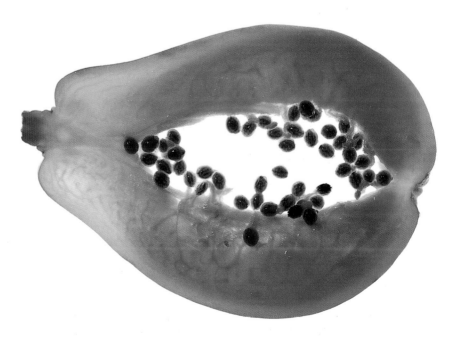

Uva

▌ZUMO
▌DE UVA

Es un zumo magnífico, muy dulce, lleno de azúcares naturales vigorizantes y fácil de digerir. A los niños les encanta. Su color, evidentemente, depende de si se utilizan uvas verdes o rojas, pero lo más importante es su madurez. Cuanto más maduras estén las uvas, más dulce y alimenticio será el zumo y más sabrosos serán sus nutrientes. Las uvas producen un zumo antioxidante, lo cual, combinado con sus propiedades vigorizantes, constituyen la bebida perfecta para las personas convalecientes.

1 gran racimo de uvas rojas o verdes

■ Lave a conciencia las uvas, descarte el escobajo y exprímalas (incluyendo las pepitas). Tómese el zumo justo después de prepararlo.

Rico en calcio, magnesio fósforo, flavonoides, potasio y vitaminas C y E.

Contiene también vitaminas B1, B2 y B3, cobre, hierro y zinc.

UVA
Y CIRUELA

Es un bello zumo rojo de delicioso sabor. Al añadir ciruelas se obtiene un cóctel antioxidante más potente que con uvas solas. Las ciruelas son muy relajantes para el aparato digestivo y contienen mucho hierro, por lo que son beneficiosas para la sangre.

1 racimo pequeño de uvas rojas
3-4 ciruelas

■ Elimine el escobajo de las uvas, lave las ciruelas, extraiga su hueso y exprímalo todo. Remuévalo y bébaselo inmediatamente.
Rico en betacaroteno, ácido fólico, calcio, magnesio, fósforo, flavonoides, potasio, vitaminas C y E.
Contiene también vitaminas B1, B2, B3, hierro, cobre y zinc.

UVA, PIÑA
Y ALBARICOQUE

Este zumo dulce y sabroso es profundamente depurador y contiene un gran número de antioxidantes que combaten las infecciones. En particular, limpia el aparato digestivo y es a la vez laxante y diurético. Sus azúcares naturales hacen que sea muy vigorizante y una bebida ideal para el desayuno.

1 racimo pequeño de uvas
⅓ de piña
2 albaricoques

■ Lave las uvas y los albaricoques, eliminando los huesos de los albaricoques pero dejando las semillas de las uvas. Pele la piña. Trocéelo todo y exprímalo. Tómese el zumo al momento.
Rico en betacaroteno, bromelina, ácido fólico, calcio, hierro, magnesio, fósforo, flavonoides, potasio y vitaminas B3, B5, C y E.
Contiene también otras vitaminas del grupo B, cobre y zinc.

Cereza

ZUMO
DE CEREZA

El zumo de cerezas es exquisito, aunque cueste un poco prepararlo. Por esta razón tiende a combinarse a otros zumos, pero si usted se toma la molestia de extraerles el hueso a las cerezas, el zumo solo tiene un sabor muy dulce, además de un olor extraordinario. Es un antiséptico natural y se sabe que alivia problemas como la artritis y la gota, causadas por exceso de ácido úrico. Se dice que actúa contra el cáncer y que calma las jaquecas y migrañas. Este zumo también tiene un efecto suavizante para la piel.

250 g de cerezas

■ Lave las cerezas, extraiga los huesos y exprímalas. Beba el zumo sin demora.
Rico en betacaroteno, ácido fólico, vitamina C, calcio, flavonoides, magnesio, fósforo y potasio.
Contiene también vitaminas del grupo B, hierro y zinc.

CEREZA
Y NECTARINA

Es un zumo absolutamente sabroso, realmente denso, con un fuerte sabor afrutado. A la vez antioxidante y depurador, es bueno para combatir el estrés y también para problemas de alergias y jaquecas.

125 g de cerezas
3 nectarinas

■ Lave y parta por la mitad las cerezas y las nectarinas y extraiga sus huesos. Exprímalas y tómese el zumo inmediatamente.
Rico en betacaroteno, ácido fólico, vitamina C, calcio, magnesio, flavonoides, fósforo y potasio.
Contiene también vitaminas del grupo B, hierro y zinc.

Kiwi

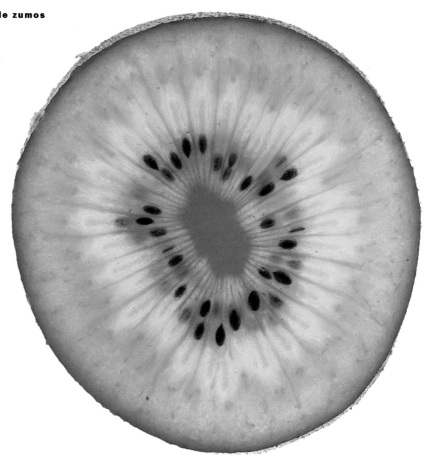

ZUMO DE KIWI

El kiwi proporciona numerosos nutrientes. Es a la vez vigorizante y profundamente desintoxicante. Estimula el sistema inmunológico y mejora la digestión. El zumo de kiwi es excelente solo y como ingrediente para otros zumos. Desde el punto de vista nutritivo, lo mejor es exprimir el kiwi con piel, pero si considera que de este modo el zumo queda demasiado amargo para su gusto, puede pelarlo.

3 kiwis

■ Después de lavar o pelar los frutos, exprímalos. Beba el zumo enseguida.
Rico en betacaroteno, vitamina C, magnesio, calcio, fósforo, bioflavonoides y potasio.
Contiene también vitaminas del grupo B y hierro.

KIWI Y PERA

La combinación de kiwi y pera produce un zumo denso de color verde claro que es un excelente depurador y estimula el sistema inmunológico. Al ser suavemente diurético, resulta útil para las personas con problemas de retención de líquidos. Su sabor es dulce y tiene un fuerte regusto.

1 kiwi
1 pera grande

■ Lave los frutos, trocéelos, exprímalos y tómese el zumo inmediatamente.
Rico en betacaroteno, ácido fólico, vitamina C, calcio, pectina, magnesio, bioflavonoides, fósforo y potasio.
Contiene también vitaminas del grupo B, hierro, cobre, manganeso y zinc.

CÓCTEL DE KIWI

Es un zumo verde, denso, muy depurador y vigorizante. Es beneficioso para la piel e ideal contra las arrugas.

3 kiwis
1 racimo pequeño de uvas
1 manzana
1 plátano

■ Lave el kiwi, las manzanas y las uvas (descartando el escobajo). Trocee la manzana y el kiwi. Pele el plátano y exprímalo en primer lugar, seguido por el kiwi, las uvas y la manzana. Remueva bien el zumo y bébaselo al momento.
Rico en betacaroteno, ácido fólico, pectina, calcio, magnesio, fósforo, potasio y vitaminas C y E.
Contiene también vitaminas del grupo B, hierro y zinc.

Mango

ZUMO
DE MANGO

Al igual que el zumo de papaya, para tomarse éste hace falta una cuchara, ya que es muy espeso y concentrado. El zumo de mango es altamente antioxidante y por eso protege la salud en general y se dice que contrarresta algunos cánceres. En particular, beneficia los riñones y limpia el organismo. Por ser tan denso, suele combinarse con otros zumos.

2-3 mangos

■ Pele los mangos, extraiga los huesos y exprima la fruta. Remueva el zumo y tómeselo enseguida.
Rico en betacaroteno, vitamina C, calcio, magnesio y potasio.
Contiene también vitaminas del grupo B, hierro, cobre y zinc.

CÓCTEL
DE MANGO

Este denso y magnífico zumo dulce tiene un color amarillo verdoso. Está repleto de antioxidantes y por eso es un gran estimulante del sistema inmunológico y deja la piel preciosa. Asegúrese de que todos los ingredientes que emplea, sobre todo el propio mango, estén maduros.

1 mango
1 plátano
1 kiwi
2 manzanas

■ Pele el mango y extraiga los huesos. Pele el plátano, raspe el kiwi (o móndelo si lo prefiere) y las manzanas. Exprímalo todo y luego remueva el zumo mientras se lo toma, porque sus ingredientes tienden a separarse.

Rico en betacaroteno, ácido fólico, pectina, calcio, magnesio, fósforo, potasio, bioflavonoides, vitaminas B3, C y E.
Contiene también vitaminas del grupo B, hierro, manganeso, cobre y zinc.

Melón

ZUMO DE MELÓN

Existen numerosas variedades de melón, pero todas son deliciosas. El melón contiene mucha agua y por eso recorre el organismo a gran velocidad, limpiándolo y rehidratándolo, al tiempo que elimina la hinchazón y el abotagamiento.

1 melón pequeño

■ Pele, trocee y exprima el melón con pepitas. Beba el zumo inmediatamente.
Rico en betacaroteno, ácido fólico, vitamina C, calcio, cloro, magnesio, fósforo y potasio.
Contiene también vitaminas del grupo B, hierro, zinc, vitamina E y cobre.

MELÓN Y UVA

Es un zumo dulce y aromático, cuya calidad depende del tipo de melón empleado. Las variedades Ogen y Galia producen el mejor zumo. El zumo de melón es depurador y regenerador.

½ melón
1 racimo pequeño de uvas

■ Pele el melón y córtelo en rodajas. Puede exprimir también las semillas, si lo desea. Coja las uvas por el escobajo y lávelas. Tómese el zumo inmediatamente después de prepararlo.
Rico en betacaroteno, ácido fólico, calcio, magnesio, fósforo, potasio y vitaminas C y E.
Contiene también vitaminas del grupo B, hierro, zinc y cobre.

MELÓN Y CIRUELA

Es otro zumo muy dulce (puede omitir el plátano, si lo desea). Es vigorizante y contiene mucho hierro, por lo que resulta muy beneficioso a las mujeres durante la menstruación.

¼ de melón dulce
1 ciruela
1 kiwi
1 plátano

■ Pele el melón y córtelo en rodajas; conserve u deseche las semillas, como prefiera. Lave la ciruela, córtela por la mitad y extraiga el hueso. Pele el plátano. Raspe el kiwi y córtelo por la mitad. Yo prefiero dejar la piel del kiwi, pero si a usted no le apetece el ligero regusto a especias que da a la bebida, puede pelarlo. Tómese el zumo enseguida.
Rico en betacaroteno, ácido fólico, calcio, magnesio, fósforo, potasio y vitaminas C y E.
Contiene también vitaminas del grupo B, cobre, hierro y zinc.

MELÓN Y FRESA

Este zumo es antivírico y un potente antioxidante, combate el cáncer y se dice que es beneficioso contra la artritis. De color rosa claro y textura cremosa, su dulzura es deliciosa, en especial si se utiliza un melón Galia u Ogen.

¼ de melón
1 cestita de fresas

■ Lave las fresas; pele y corte el melón. Exprímalo todo, incluyendo las semillas del melón, y bébase el zumo sin demora.
Rico en betacaroteno, ácido fólico, biotina, calcio, cloro, magnesio, fósforo, potasio y vitaminas E, C y K.
Contiene también vitaminas del grupo B, hierro, cobre y zinc.

Melocotón

ZUMO DE MELOCOTÓN

Los melocotones proporcionan un zumo espeso, dulce y delicioso, pero es importante elegir siempre los maduros. Tienen un efecto profundamente depurador, sobre todo para los riñones y la vejiga, además de ser vigorizantes, ligeramente diuréticos y laxantes, pero al mismo tiempo bastante relajantes para el aparato digestivo. Esto los convierte en una buena ayuda para realizar una desintoxicación general.

3 melocotones

■ Lave la fruta, extraiga las semillas y exprímala. Beba el zumo enseguida.

Rico en betacaroteno, ácido fólico, calcio, magnesio, fósforo, potasio y vitaminas B3 y C.
Contiene también vitaminas del grupo B, cobre, hierro y zinc.

MELOCOTÓN CON CAQUI

Es un néctar de zumo, asegúrese de utilizar fruta madura. Los caquis contienen grandes cantidades de betacaroteno y vitamina C, al igual que los melocotones, y juntos constituyen un zumo altamente protector y favorecedor del sistema inmunológico, de vivo color naranja, espeso y muy dulce.

1 melocotón
1 caqui

■ Lave la fruta a conciencia y extraiga el hueso del melocotón. Exprímalo todo, remueva el zumo y tómeselo inmediatamente.

Rico en betacaroteno, ácido fólico, calcio, magnesio, fósforo, potasio y vitaminas B3 y C.
Contiene también vitaminas del grupo B, cobre, hierro y zinc.

Naranja

ZUMO DE NARANJA

El más popular de los zumos es un excelente antioxidante y tonificante. El zumo de naranja estimula el corazón, la circulación y el aparato digestivo, además de combatir el estreñimiento. Sin embargo, un exceso de este ácido zumo puede alterar la relación entre ácidos y bases del organismo. Por eso es mejor tomarlo en días alternos, intercalándolo con otros zumos más alcalinos.

3 naranjas

■ Si dispone de un exprimidor de naranjas, córtelas por la mitad y exprímalas. Si utiliza una licuadora normal, debe pelarlas y extraer casi toda la médula. Tómese el zumo al momento.
Rico en betacaroteno, vitaminas B1, B6 y C, ácido fólico, calcio, magnesio, hierro, fósforo y potasio.
Contiene también otras vitaminas del grupo B, vitamina E y zinc.

NARANJA Y ZANAHORIA

Posee grandes poderes antioxidantes, pues las zanahorias compensan la acidez de la naranja. Profundamente depurador y vigorizante, este zumo estimula el organismo en la lucha contra las infecciones y aumenta la regeneración celular.

2 naranjas
3 zanahorias

■ Pele las naranjas y raspe las zanahorias. Tómese el zumo inmediatamente después de exprimirlo. Si le parece demasiado dulce, añada unas cuantas hojas de menta.
Rico en betacaroteno, vitaminas B1, B6 y C, ácido fólico, hierro, calcio, magnesio y potasio.
Contiene también otras vitaminas del grupo B, vitamina E y zinc.

DESAYUNO CON NARANJAS

Este perfecto zumo dulce, antioxidante, depurador y estimulante proporciona una inyección de energía instantánea.

1 rodaja de piña
1 nectarina
2 naranjas

■ Pele las naranjas y la piña y córtelas en rodajas. Lave la nectarina y quítele el hueso. Exprima la naranja al final. Remueva y tómese el zumo inmediatamente después de prepararlo.
Rico en betacaroteno, bromelina, ácido fólico, calcio, magnesio, hierro, fósforo, potasio y vitaminas B6 y C.
Contiene también otras vitaminas del grupo B, vitamina E y zinc.

NARANJA Y PLÁTANO

Es otra excelente bebida a primera hora del día, especialmente porque el plátano es muy vigorizante y elimina la acidez de las naranjas. Las propiedades antisépticas de la naranja se combinan con las antibióticas del plátano y el resultado es un zumo realmente protector para la salud.

2 naranjas
1 plátano

■ Pele la fruta y extraiga la médula de las naranjas. Exprima primero el plátano y después las naranjas. Remueva el zumo antes de tomárselo.
Rico en betacaroteno, hierro, ácido fólico, calcio, magnesio, fósforo, potasio y vitaminas B1, B6, K y C.
Contiene también otras vitaminas del grupo B, vitamina E y zinc.

NARANJA Y POMELO

Como contiene grandes cantidades de vitamina C, es un inmejorable estimulante del sistema inmunológico, aunque sólo para las personas que no abusan de los zumos superdulces, pues sus efectos estomacales son inmediatos.

1 pomelo
2 naranjas

■ Pele las frutas y extraiga la médula. Trocéelas, exprímalas y tómese el zumo enseguida.
Rico en betacaroteno, ácido fólico, calcio, magnesio, fósforo, hierro, potasio y vitaminas B1, B6 y C.
Contiene también otras vitaminas del grupo B, vitamina E, manganeso, cobre y zinc.

Mandarina

ZUMO DE MANDARINA

El zumo de mandarina es más dulce que el de naranja, por lo que los niños suelen preferirlo. Posee casi los mismos nutrientes que el zumo de naranja y es un buen protector para la salud y un vigorizante general. El ingrediente adicional (jengibre) estimula la circulación y favorece el calor corporal, por eso es un buen zumo para iniciar un día de invierno.

6 mandarinas
1 cm de raíz de jengibre

■ Pele las mandarinas y raspe el jengibre con una superficie abrasiva. Exprímalo todo y beba el zumo al momento.

Rico en betacaroteno, ácido fólico, calcio, magnesio, fósforo, potasio y vitaminas B6 y C.
Contiene también otras vitaminas del grupo B, vitamina E y zinc.

Nectarina

ZUMO DE NECTARINA

Como el melocotón, la nectarina produce sólo una pequeña cantidad de un zumo espeso, dulce y sabroso. Por esa razón, suele mezclarse con frutas que contengan más agua, aunque las nectarinas solas dan un zumo deliciosamente aromático. Su sabor y textura son parecidos a los del melocotón, y tiene propiedades similares: es tanto un desintoxicante como un gran favorecedor del sistema inmunológico.

4 nectarinas

■ Lave las frutas a conciencia bajo el grifo, extraiga los huesos, exprímalas y tómese el zumo inmediatamente.
Rico en betacaroteno, ácido fólico, vitamina C, calcio, magnesio, fósforo y potasio.
Contiene también vitaminas del grupo B, hierro y zinc.

NECTARINA Y PIÑA

El dulce y variado sabor de las nectarinas combina bien con el de la piña en un néctar aromático, cremoso y de color naranja claro. La granadina aporta a este zumo vigorizante y depurador un sabor inusual que modera su dulzura.

2 nectarinas
¼ de piña grande
1 granadilla

■ Lave las nectarinas y extraiga sus huesos. Pele la piña y trocéela. Vacíe la granadilla de pepitas. Exprímalo todo, remueva el zumo y tómeselo inmediatamente.
Rico en betacaroteno, bromelina, ácido fólico, vitamina C, calcio, magnesio, fósforo y potasio.
Contiene también vitaminas del grupo B, hierro y zinc.

Sandía

ZUMO DE SANDÍA

Preparar este agradable zumo, dulce y ligero puede ensuciar mucho la cocina. Debido a la gran cantidad de agua que contiene la sandía, tiende a rebosar de la licuadora y a esparcir las semillas cuando se introducen en la máquina. Sin embargo, esta bebida es muy útil para contrarrestar la retención de líquidos y el abotagamiento, además de ejercer un efecto calmante sobre la mente y las emociones.

⅛ de sandía

■ Elimine la cáscara, pero deje las semillas. Trocee la fruta y exprímala. Tómese el zumo inmediatamente.
Rico en betacaroteno, vitaminas C y B5, ácido fólico, calcio, magnesio, fósforo y potasio.
Contiene también vitaminas del grupo B, hierro y zinc.

SANDÍA Y MORA

Las moras convierten este zumo en un potente antioxidante depurador. Es rojo oscuro y bastante dulce.

⅛ de sandía
1 cestita de moras

■ Lave las moras a conciencia bajo el grifo e introdúzcalas en la licuadora. Descarte la cáscara de la sandía y exprima la pulpa. Es importante acordarse de incluir sus semillas. Remueva bien el zumo y bébalo inmediatamente.
Rico en betacaroteno, vitaminas C, E y B5, ácido fólico, sodio, calcio, magnesio, fósforo y potasio.
Contiene también vitaminas del grupo B, cobre, hierro y zinc.

SANDÍA Y CEREZA

Es un magnífico zumo dulce, rojo oscuro, muy bueno para la piel y para reducir el estrés.

⅛ de sandía
125 g de cerezas

■ Lave bien las cerezas y extraiga los huesos. Separe la cáscara de la sandía y trocee la pulpa. Acuérdese de dejar las semillas, son un ingrediente importante. Exprímalo todo y tómese el zumo inmediatamente.
Rico en betacaroteno, vitaminas C y B5, ácido fólico, calcio, magnesio, fósforo y potasio.
Contiene también vitaminas del grupo B, hierro y zinc.

Plátano

En términos estrictos, los plátanos no se exprimen, se machacan. Producen una sustancia espesa, casi sólida, que se hunde hasta el fondo de todas las mezclas y requiere ser removida enérgicamente. No obstante, la deliciosa dulzura y la fragancia del «jugo» del plátano permite utilizarlo en muchas recetas para mejorar el sabor de frutas más insulsas. Reduce el colesterol, es un supervigorizante y un antibiótico natural, y yo recomendaría añadir plátano a cualquier combinado que no sea demasiado dulce. Sin embargo, es vital utilizar siempre plátanos maduros, de hecho los que ya se están poniendo oscuros y moteados, que no se comería usted como fruta.

PLÁTANO Y MELÓN

Es un zumo muy dulce, depurador y vigorizante, especialmente bueno para el desayuno de los niños. Los mejores resultados se obtienen con un melón y unos plátanos bien maduros.

2 plátanos
½ melón
1 manzana

■ Lave la manzana y pele los plátanos y el melón. Pase por la licuadora un plátano, seguido por un poco de melón, seguido por el segundo plátano y luego la manzana. Los plátanos producen muy poco jugo, pero así se obtiene lo mejor de ellos. Remueva bien el zumo.

Rico en betacaroteno, ácido fólico, calcio, magnesio, fósforo, potasio y vitaminas C y K.

Contiene también otras vitaminas del grupo B, hierro y zinc.

PLÁTANO Y KIWI

Los kiwis dan a este zumo una consistencia densa y un color verde. Es muy dulce y cremoso, vigorizante, beneficioso para el aparato digestivo y también un potente antioxidante.

2 plátanos
2 kiwis
1 manzana

■ Pele los plátanos y métalos en la licuadora. Lave y trocee los kiwis y la manzana. Exprímalo todo, remuévalo y tómese el zumo inmediatamente.

Rico en betacaroteno, ácido fólico, calcio, magnesio, fósforo, potasio y vitaminas C y E.

Contiene también otras vitaminas del grupo B, hierro y zinc.

PLÁTANO Y ARÁNDANOS

La dulzura del plátano equilibra bien la acidez de los arándanos. Además, es un zumo muy beneficioso. Los arándanos limpian los riñones, la vejiga y el tracto urinario, además de combatir eficazmente las afecciones urinarias. Por otra parte, se dice que contienen sustancias químicas que combaten el cáncer. El plátano y la piña son unos depuradores profundos. Sorprendentemente, aunque los plátanos siempre se han considerado vigorizantes, también ayudan a dormir, por lo que esta bebida es adecuada de noche, especialmente en caso de problemas de renales o urinarios.

½ cestita de arándanos
1 rodaja gruesa de piña
2 plátanos

■ Lave a conciencia los arándanos y arránqueles los pedúnculos. Pele la piña y los plátanos y trocéelos. Exprímalos, remueva el zumo y bébaselo inmediatamente.

Rico en betacaroteno, ácido fólico, bromelina, calcio, magnesio, fósforo, potasio y vitaminas C y E.

Contiene también otras vitaminas del grupo B, hierro y zinc.

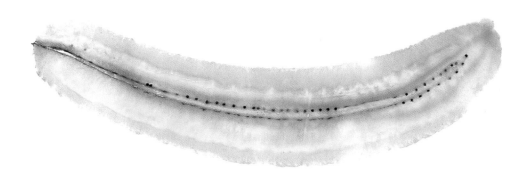

Piña

▌ ZUMO
▌ DE PIÑA

Al igual que el zumo de naranja,
el de piña se encuentra ya
preparado en las tiendas de
comestibles. No obstante, recién
hecho es una bebida muy distinta:
dulce y espesa, con un aroma
divino. Contiene muchos azúcares
naturales, siempre es vigorizante,
estimula la curación del organismo
y su regeneración a nivel celular,
además de fomentar una buena
digestión. Adquiera siempre una
piña madura. Descarte las hojas
y la piel para exprimir sólo la pulpa.

½ piña

■ Pele la corteza dura de la piña
y descártela junto con las hojas.
Trocee la pulpa, exprímala y
tómese el zumo inmediatamente.
Rico en betacaroteno, ácido fólico,
vitamina C, bromelina, calcio,
magnesio, fósforo y potasio.
Contiene también vitaminas
del grupo B, hierro y zinc.

▌ PIÑA, PLÁTANO
▌ Y MANZANA

Se trata de un zumo extraordinario,
es dulce y espeso, y de un color
amarillo claro y con una textura
cremosa. Tanto el plátano como la
piña son intensos vigorizantes, por
lo que su zumo es un excelente
desayuno. Es muy depurador,
estimula el aparato digestivo
y reduce el colesterol.

1 rodaja gruesa de piña
1 plátano
1 piña

■ Pele la piña y córtela en rodajas.
Lave la manzana y pele el plátano.
Pase primero el plátano por la
licuadora, después la piña y por
último la manzana. Remueva el
zumo y bébalo inmediatamente.
Quizá deba removerlo varias veces
porque el plátano se depositará
en el fondo.
Rico en betacaroteno, ácido fólico,
pectina, bromelina, calcio,
magnesio, fósforo, potasio
y vitaminas B6, C y K.
Contiene también otras vitaminas
del grupo B, hierro y zinc.

Ciruela

■ ZUMO ■ DE CIRUELA

Este delicioso y aromático zumo, de un distintivo color dorado, es altamente antioxidante. Por su contenido en hierro resulta muy útil para la protección general de la salud, evitar la anemia, reforzar en general las células sanguíneas y mejorar la digestión. Lo único que se necesita es:

5-6 ciruelas

■ Lave las ciruelas, córtelas por la mitad y extraiga los huesos. Bébase este zumo inmediatamente después de prepararlo.
Rico en betacaroteno, ácido fólico, calcio, magnesio, fósforo, potasio y vitaminas C y E.
Contiene también vitaminas del grupo B y hierro.

■ CIRUELA, PIÑA ■ Y KIWI

Es un zumo muy depurador y cicatrizante, con mucha vitamina C, que además también tiene un sabor magnífico. Incluya la piel del kiwi para que tenga un regusto ligeramente picante, o bien pélelo, si prefiere una bebida dulce. Este zumo actúa como antioxidante general y puede normalizar las alteraciones del aparato digestivo.

2 ciruelas
1 rodaja gruesa de piña
1 kiwi

■ Pele la piña y corte la pulpa en rodajas. Lave las ciruelas y el kiwi (pélelos si no quiere que el zumo tenga un gusto picante) y extraiga los huesos de las ciruelas. Exprímalo todo, remueva el zumo y, para obtener el máximo beneficio, tómeselo inmediatamente.

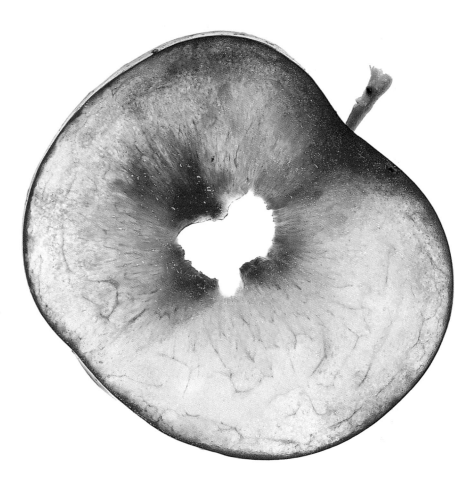

Rico en betacaroteno, ácido fólico, bromelina, calcio, magnesio, fósforo, potasio y vitaminas C y E.
Contiene también vitaminas del grupo B y hierro.

■ CIRUELA, MANZANA ■ E HIGO

Este gustoso zumo dulce de color púrpura, espeso y sabroso puede parecer un puré. Es muy eficaz para combatir el estreñimiento y ayuda a equilibrar el aparato digestivo. No obstante, asegúrese de que los higos estén maduros.

2 ciruelas
1 manzana
2-3 higos

■ Separe la pulpa de la piel de los higos y exprímalos primero, seguidos por las ciruelas lavadas y sin hueso y de la manzana sin pepitas. Remueva bien el zumo y tómeselo en cuanto lo haya preparado.
Rico en betacaroteno, ácido fólico, pectina, calcio, hierro, magnesio, fósforo, potasio y vitaminas C y E.
Contiene también vitaminas del grupo B, zinc y cobre.

Frambuesa

ZUMO DE FRAMBUESA

Se trata de un zumo sabroso, muy aromático y no demasiado dulce, pero por ser muy espeso tiende a utilizarse combinado. Aunque se puede tomar solo, no se obtiene mucho jugo de las frambuesas, por lo que conviene comprarlas de temporada. Estarán más maduras y, por lo tanto, en su mejor momento nutritivo. Como contienen un gran número de antioxidantes, fomentan la salud en general, pero se conocen principalmente por sus beneficios para las mujeres y por aliviar los dolores menstruales.

2 cestitas de frambuesas

■ Lave las frambuesas, exprímalas y tómese el zumo.
Rico en betacaroteno, biotina, cloro, calcio, hierro, magnesio, fósforo, potasio y vitamina C.
Contiene también otras vitaminas del grupo B, vitamina E y cobre.

FRAMBUESA Y MEMBRILLO

Esta combinación es particularmente beneficiosa para aliviar la indigestión. Sin embargo, el membrillo no aporta mucho jugo y necesita estar muy maduro para poder exprimirle algo. La adición de membrillo refuerza las propiedades antioxidantes de las frambuesas.

1 cestita de frambuesas
1 membrillo

■ Lave y corte el membrillo en trozos pequeños. Exprima toda la fruta y sirva el zumo.
Rico en betacaroteno, biotina, cloro, calcio, hierro, magnesio, fósforo, potasio y vitamina C.
Contiene también vitaminas del grupo B y cobre.

FRAMBUESA Y MANZANA

Este zumo afrutado es de color rosa pero no demasiado dulce, porque tiene un ligero sabor amargo debido a las frambuesas. Para endulzarlo, añádale un plátano. Es muy depurador, bueno para una desintoxicación rápida y para combatir los síntomas del resfriado. Las personas resfriadas pueden tomar este zumo a última hora de la noche porque el triptófano natural del plátano les facilitará el sueño.

1 cestita de frambuesas
3 manzanas
1 plátano

■ Lave las frambuesas y manzanas a conciencia bajo el grifo y trocee las manzanas. Pele el plátano y exprímalo primero, después las frambuesas y por fin las manzanas. Remueva bien el zumo y bébaselo al momento.
Rico en betacaroteno, biotina, cloro, pectina, ácido fólico, calcio, hierro, magnesio, fósforo, potasio y vitamina C.
Contiene también otras vitaminas del grupo B, vitamina E, cobre y zinc.

FRAMBUESA Y MELÓN

Este espeso zumo dulce es un vigorizante instantáneo y un depurador para todo el organismo. Es muy bueno como diurético y un laxante moderado. Las frambuesas pueden amargar un poco la bebida, pero un melón dulce y un plátano hacen que sea exquisito.

1 cestita de frambuesas
¼ melón dulce
1 plátano

■ Lave las frambuesas, pele el plátano y exprima ambas frutas, primero el plátano. Separe la cáscara del melón, pero acuérdese de exprimir la pulpa con sus semillas. Remueva el zumo y tómeselo al instante.
Rico en betacaroteno, biotina, cloro, ácido fólico, calcio, hierro, magnesio, fósforo, potasio y vitamina C.
Contiene también otras vitaminas del grupo B, vitamina E, cobre y zinc.

Fresa

▌ ZUMO
▌ DE FRESA

Es una suerte asombrosa que algo tan delicioso sea, además, bueno para la salud. Las fresas tienen grandes poderes antioxidantes y se dice que protegen de los cánceres, las bacterias y los virus. Son beneficiosas para la artritis e incluso poseen un anestésico incorporado. Cómprelas siempre de temporada, pero sea consciente de que no producen demasiado zumo.

2 cestitas de fresas

■ Lave las fresas, exprímalas y bébase el zumo.
Rico en betacaroteno, ácido fólico, biotina, calcio, magnesio, fósforo, cloro, potasio y vitaminas C y E.
Contiene también vitaminas del grupo B, hierro y zinc.

▌ FRESA
▌ Y ARÁNDANOS ROJOS

La dulzura de las fresas compensa bien la amargura de los arándanos rojos en este zumo adecuado para combatir las infecciones. Es particularmente beneficioso en casos de fiebre.

1 cestita de fresas
1 cestita de arándanos rojos

■ Lave la fruta a conciencia bajo el grifo y separe todos los pedúnculos. Exprima el zumo y tómeselo inmediatamente.
Rico en betacaroteno, ácido fólico, biotina, calcio, magnesio, fósforo, cloro, potasio y vitaminas C y E.
Contiene también vitaminas del grupo B, hierro y zinc.

▌ FRESA, FRAMBUESA
▌ Y CEREZA

Es un sabroso zumo dulce que, además de sus ventajas para la salud a largo plazo, tiene propiedades contra el envejecimiento, al contribuir a suavizar las estrías y arrugas de la piel. Para obtener los mejores resultados, asegúrese de que las frutas que utiliza estén maduras; la norma general es que si no están listas para comer, tampoco lo estarán para exprimirlas.

½ cestita de fresas
½ cestita de frambuesas
125 g de cerezas
1 melocotón

■ Lave a conciencia toda la fruta en agua tibia y extraiga los huesos del melocotón y las cerezas. Exprímalas en cualquier orden, remueva el zumo y sírvalo.
Rico en betacaroteno, ácido fólico, calcio, magnesio, cloro, biotina, fósforo, potasio y vitaminas B3, E y C.
Contiene también cobre, manganeso, zinc y vitaminas B1, B2, B5 y B6.

▌ FRESA
▌ Y SANDÍA

Este extraordinario zumo dulce, espeso y de sabor suave es una bebida refrescante ideal para un caluroso día de verano. Es excelente para la salud en general y muy eficaz para aliviar la retención de líquidos y combatir el estreñimiento. Además, es un valioso zumo rehidratante.

1 cestita de fresas
1 cestita de frambuesas
¼ de sandía

■ Lave las fresas y las frambuesas. Descarte la cáscara de la sandía. Exprima toda la fruta (incluidas las semillas de la sandía) y tómese el zumo en el acto.
Rico en betacaroteno, ácido fólico, biotina, calcio, magnesio, fósforo, potasio, cloro y vitaminas B5, C y E.
Contiene también vitaminas del grupo B, hierro y zinc.

Zanahoria

▋ZUMO DE ZANAHORIA

El zumo de zanahoria es soberbio, extremadamente vigorizante, un potente antioxidante y además protege contra las infecciones y determinados cánceres, además de disolver las úlceras. Como depurador, limpia los principales órganos responsables de la desintoxicación –el hígado y los riñones– y el tracto digestivo entero. Además, ayuda a regenerar los glóbulos rojos y es excelente para la piel. Sin embargo, si usted toma demasiada cantidad, ¡puede empezar a ponerse naranja debido al pigmento de las zanahorias! Por eso y por otras razones, yo las combino con otras frutas u hortalizas, lo cual refuerza sus poderes beneficiosos para la salud, pero modera ligeramente su sabor, que puede ser demasiado dulce y empalagoso. (Para evitarlo, espolvoree un poco de espirulina, rica en hierro.)

5 zanahorias

■ Raspe y exprima las zanahorias, dejando las hojas superiores, si se trata de zanahorias biológicas. Tómese el zumo sin demora.
Rico en betacaroteno, ácido fólico, vitamina C, magnesio, calcio y potasio.
Contiene también vitaminas del grupo B, hierro y zinc.

▋ZANAHORIA Y MANZANA

Es una de las pocas ocasiones en que se pueden mezclar frutas y hortalizas. El zumo de zanahoria y manzana no es sólo delicioso, sino también uno de los mejores desintoxicantes y favorecedores del sistema inmunológico que encontrará jamás. Este zumo también constituye un buen tratamiento de belleza, ya que va bien para la piel. Las manzanas rojas le dan un sabor dulce, pero las manzanas ya son muy dulces cuando se exprimen, por lo que quizá será mejor utilizar una manzana más ácida.

4 zanahorias
2 manzanas grandes

■ Raspe las zanahorias y lave las manzanas, dejando las hojas si las zanahorias son biológicas. Exprima primero las zanahorias y luego las manzanas. Remueva el zumo y bébaselo inmediatamente.
Rico en betacaroteno, ácido fólico, vitamina C, calcio, pectina, magnesio, potasio y fósforo.
Contiene también vitaminas B1, B2, B3, B6 y E, cobre, hierro y zinc.

▋ZANAHORIA Y KIWI

Este zumo es muy antioxidante, protector y diurético. Además, es un depurador profundo.

3 zanahorias
2 manzanas
2 kiwis

■ Lave las zanahorias y las manzanas a conciencia bajo el grifo y trocéelas. Si le gusta el sabor fuerte de la piel del kiwi, limítese a rasparla, córtelo por la mitad y exprímalo. En caso contrario, pélelo. Remueva el zumo y tómeselo enseguida.
Rico en betacaroteno, vitamina C, ácido fólico, calcio, pectina, magnesio, potasio y fósforo.
Contiene también vitaminas del grupo B, vitamina E, hierro y zinc.

▋ZANAHORIA CON HIERBAS

Las hierbas utilizadas en esta bebida aportan nutrientes adicionales al zumo de zanahoria y lo convierten en un gran estimulante para la salud. El perejil es un antioxidante particularmente potente, que añade un sabor más fresco y fuerte a la dulzura de las zanahorias, y además es un excelente diurético, que ayuda a aliviar la retención de líquidos.

6 zanahorias
un brote de menta y otro de perejil

■ Lave las zanahorias y las hierbas y exprímalas, incluyendo las hojas biológicas. Remueva el zumo y sírvalo al instante.
Rico en betacaroteno, vitamina C, calcio, magnesio, potasio y ácido fólico.
Contiene también vitaminas del grupo B, hierro y zinc.

Remolacha

ZUMO DE REMOLACHA

Uno de los mayores depuradores y estimulantes del sistema inmunológico, el zumo de remolacha actúa poderosamente contra los cálculos renales, los problemas de la vesícula biliar y del hígado, y refuerza la sangre, lo cual significa que es bueno en caso de anemia. También es un gran vigorizante, ya que está lleno de azúcares naturales, pero como a mucha gente no le gusta la remolacha, su zumo no se consume tanto como se debería. De todos modos, a veces las personas a quienes no les gusta esta hortaliza, encuentran su zumo bastante sabroso. Es dulce y al mismo tiempo de sabor fuerte. Su vivo color morado puede sorprender a primera vista, e incluso mezclado con otros zumos tiene tendencia a proporcionar a la orina cierto tono rosado.

3 remolachas medianas

■ Ráspelas, pero no las pele ni quite las hojas ni raíces (si son biológicas). Exprímalas y tómese el zumo inmediatamente.
Rico en betacaroteno, ácido fólico, vitamina C, hierro, potasio y sodio.
Contiene también vitaminas del grupo B y zinc.

REMOLACHA Y PEPINO

Este zumo conserva el sorprendente color de la remolacha. Es un antioxidante extremadamente valioso, que también actúa como diurético debido al pepino. Se dice que reduce la tensión arterial y que es bueno en general para la digestión.

2 remolachas
½ pepino
2 troncos de apio con hojas
½ manojo de berros

■ Lave las hortalizas y frote bien la remolacha. No pele nada y reserve todas las hojas y los tallos de origen biológico. Pase primero los berros por la licuadora, seguidos por la remolacha, el apio y el pepino. Si el sabor de los berros le resulta muy fuerte o demasiado amargo, utilice la otra mitad del pepino para diluirlo. Remueva el zumo y bébaselo al instante.
Rico en betacaroteno, ácido fólico, vitaminas C y B6, calcio, silicio y potasio.
Contiene también vitaminas B1, B2, B3 y B5, hierro y zinc.

REMOLACHA Y ZANAHORIA

Es un zumo de color rojo-morado, dulce, y de fuerte sabor, idóneo para el sistema inmunológico y con muchas vitaminas y minerales.

2 remolachas
2 zanahorias
1 manojo de perejil

■ Raspe las zanahorias y las remolachas, dejando las hojas biológicas para exprimirlas también. Lave el perejil, exprímalo todo y tómese el zumo inmediatamente.
Rico en betacaroteno, ácido fólico, vitaminas B6 y C, calcio, magnesio, hierro y potasio.
Contiene también otras vitaminas del grupo B, hierro y zinc.

REMOLACHA Y ESPINACAS

Por ser tan dulce, la remolacha anula la amargura de las espinacas, que de otro modo serían poco agradables en forma de zumo. El apio aporta un picante sabor a especias.

2 remolachas
1 manojo grande de espinacas
2 troncos de apio

■ Raspe la remolacha y el apio, dejando las hojas biológicas. Lave las espinacas a conciencia. Exprima cada verdura por separado, ya que las espinacas son muy fibrosas y atascan muchas licuadoras pequeñas si se pone demasiada cantidad de una vez. Exprímalo todo hasta que se mezcle y tómese el zumo sin demora.
Rico en betacaroteno, ácido fólico, vitaminas B3, B6 y C, calcio, hierro y potasio.
Contiene también otras vitaminas del grupo B, vitamina E y zinc.

Brécol

El zumo de brécol puede considerarse milagroso por sus muchas funciones. Es un potente antioxidante y combate el cáncer. Es un antibiótico natural y un depurador profundo, en particular para el hígado, el órgano más importante del cuerpo en las labores de desintoxicación. Por sus intensas propiedades depuradoras, tiene un efecto rejuvenecedor también sobre la piel. Es demasiado amargo para tomarlo solo, por lo que siempre debe mezclarse con algo más dulce; la zanahoria o la remolacha son ideales y refuerzan sus propiedades beneficiosas para la salud. Se puede utilizar brécol verde o de brotes morados para preparar los zumos siguientes:

▌ BRÉCOL Y REMOLACHA

Es un zumo de lo más saludable, que actúa como un potente antioxidante, combate el cáncer y es un depurador profundo. Resulta particularmente bueno para eliminar las toxinas del hígado y reforzar la composición de la sangre. La adición de hinojo lo convierte en un zumo útil para adelgazar, mientras que la lechuga le proporciona cualidades diuréticas.

6 hojas de lechuga grandes
1 brécol
1 puñado de acelgas
1 remolacha pequeña
½ bulbo de hinojo

■ Lave todos los ingredientes y píquelos para ponerlos en la licuadora, también las hojas de cultivo biológico. Exprímalos, remueva el zumo y tómeselo enseguida.
Rico en betacaroteno, ácido fólico, calcio, hierro, sodio, magnesio, fósforo, potasio y vitaminas B3, B5, B6 y C.
Contiene también otras vitaminas del grupo B, cobre y zinc.

▌ BRÉCOL, ZANAHORIA Y PIMIENTO

La dulzura de la zanahoria y del pimiento compensa la amargura del brécol, proporcionando a este zumo un agradable sabor. Es un buen desintoxicante general, con grandes cualidades protectoras para la salud. Es idóneo como tratamiento de belleza para la piel y también deja los ojos más brillantes.

1 brécol grande
2 zanahorias grandes
1 pimiento rojo

■ Lave las hortalizas y separe los tallos y semillas del pimiento. Trocéelo todo, exprímalo, remueva el zumo y tómeselo en el momento.
Rico en betacaroteno, ácido fólico, vitamina C, calcio, hierro, magnesio, sodio y potasio.
Contiene también vitaminas del grupo B, vitamina E y zinc.

Col

El zumo de col tiene un sabor demasiado fuerte para ingerirlo sin mezclar, siempre hay que combinarlo con zumos más dulces. Los distintos tipos de col producen distintos tipos de zumos, con sus respectivos beneficios. La col verde tiene el sabor más fuerte y amargo, mientras que la roja es picante y la blanca es la más dulce. Se cree que toda la familia de la col posee intensas propiedades antioxidantes y protege del cáncer, además de reforzar la inmunidad contra las enfermedades. También es un gran depurador, bueno para el tracto digestivo y para la piel en particular.

COL Y BATATA

Éste es un zumo ligero y espumoso, con un sabor igualmente ligero y agradable. Tiende a separarse, por lo que hay que seguir removiéndolo mientras se bebe.

½ col pequeña
1 batata
2 tomates

 Lave las hojas de col y los tomates y raspe bien la batata, eliminando las partes tocadas. La col será la más dura de exprimir, por lo que conviene mezclarla con la batata y los tomates. Remueva el zumo y bébaselo al instante.
Rico en betacaroteno, ácido fólico, cloro, biotina, calcio, magnesio, fósforo, potasio, sodio y vitaminas C y E.
Contiene también vitaminas del grupo B, azufre, hierro y zinc.

COL Y APIO

Se trata de un zumo claro y ligero, con un regusto agradable, ligeramente picante debido al apio. Es un buen desintoxicante general, en particular para el tracto digestivo, además, es otro importante zumo antioxidante que combate el cáncer.

½ col pequeña
2 troncos de apio
2 tomates

■ Lave las hortalizas a conciencia bajo el grifo, asegurándose de reservar las hojas del apio biológico. De nuevo, las col es la más dura de exprimir, por lo que conviene mezclar el apio y los tomates en la licuadora entre las tandas de col para evitar que se atasque. Remueva el zumo y tómeselo inmediatamente.
Rico en betacaroteno, ácido fólico, biotina, calcio, magnesio, manganeso, potasio, sodio, cloro y vitaminas C y E.
Contiene también vitaminas del grupo B, azufre, hierro y zinc.

COL, MEMBRILLO Y ZANAHORIA

Es un zumo depurador y antioxidante, muy relajante para el aparato digestivo y particularmente útil para combatir los gases. También es beneficioso como estimulante para el organismo, y el perejil actúa refrescando el aliento. El membrillo produce muy poco jugo; intente encontrar uno lo más maduro posible.

1 membrillo
1 manojo grande de perejil
½ col
2 zanahorias

■ Lave los ingredientes a conciencia, exprímalos y tómese el zumo al momento.
Rico en betacaroteno, ácido fólico, calcio, magnesio, potasio, sodio y vitaminas C y E.
Contiene también otras vitaminas del grupo B, hierro y zinc.

Tomate

ZUMO DE TOMATE

El zumo de tomate es muy conocido, pero recién preparado se parece muy poco a lo que se encuentra en las tiendas de comestibles. Tiene un sabor dulce y fresco, y un color rosado. Además, es rehidratante, un potente antioxidante y estimula el sistema inmunológico.

6 tomates

■ Lave los tomates, elimine el tallo, exprímalos y bébase el zumo.
Rico en betacaroteno, ácido fólico, vitamina C, calcio, magnesio, cloro, potasio, sodio y vitamina E.

Contiene también vitaminas del grupo B, hierro y zinc.

TOMATE Y APIO

¡Es la versión inocente del Bloody Mary! El apio contiene sodio natural, que aporta a este zumo su magnífico sabor picante. Es un zumo fresco y ligero, pero los tomates y el apio se separan enseguida, por lo que hay que seguir removiendo mientras se bebe el zumo.

6 tomates grandes
2 troncos de apio

■ Lave los ingredientes, dejando las hojas del apio. Exprima primero el apio y luego los tomates.
Rico en betacaroteno, ácido fólico, vitamina C, calcio, magnesio, cloro, biotina, sodio, potasio, manganeso y vitamina E.
Contiene también vitaminas B1, B2, B3, B5, B6 y E, hierro y zinc.

Berro

El zumo de berro es uno de los más curativos y protectores para la salud, ya que contiene uno de los niveles más altos de vitaminas y minerales. Es un excelente desintoxicante y depurador de la sangre, increíblemente fuerte de sabor, por lo que no hay que abusar de él. No produce una gran cantidad de jugo, pero su efecto hace llorar, por lo que nunca debe constituir más de una sexta parte de cualquier combinación. El berro puede sustituirse por diente de león o ruqueta para crear un sabor ligeramente distinto.

BERRO Y ZANAHORIA

Este zumo es como un puñetazo, aunque las zanahorias lo suavicen. Si sigue siendo demasiado fuerte para usted, añada más zanahorias.

Por ser una amante de los sabores picantes, a mí me resulta muy sabroso, pero lo tomo a pequeños sorbos, no a tragos. No permita que su consistencia y su turbio color verde le repelan. Es particularmente bueno contra los resfriados o las infecciones de garganta (se nota el calor cuando baja) o como reconstituyente general.

½ manojo de berros
1 nabo grande
2 zanahorias

■ Lave todas las hortalizas y exprímalas alternándolas para hacer pasar los fibrosos berros a través de la licuadora. Si el zumo es muy espumoso o no le gusta el aspecto de la espuma, cuélelo, remuévalo y tómeselo.
Rico en betacaroteno, vitaminas C y E, calcio, sodio, hierro, magnesio, fósforo, ácido fólico y potasio.
Contiene también vitaminas del grupo B, zinc y cobre.

BERRO Y MANZANA

Es un gran desintoxicante. Limpia la sangre, reduce el colesterol, deshace los cálculos renales y de la vejiga y actúa como diurético y laxante.

½ manojo de berros
3 manzanas dulces

■ Lave las verduras, exprímalas y beba el zumo.
Rico en betacaroteno, pectina, ácido fólico, sodio, hierro, calcio, magnesio, fósforo, potasio y vitaminas C y E.
Contiene también vitaminas del grupo B, zinc y cobre.

Apio

El zumo de apio es bastante fuerte y picante, por lo que debe mezclarse siempre con algo más dulce, como zanahorias o tomates. Es un depurador profundo, tiene un efecto beneficioso sobre los sistemas nervioso y sanguíneo, y favorece el buen funcionamiento de los riñones. Además tiene propiedades relajantes, por lo que resulta muy adecuado en épocas de estrés.

APIO, COL Y ZANAHORIA

Este zumo contiene varios nutrientes muy potentes y es antioxidante y depurador. Constituye un buen zumo para las épocas de convalecencia o cuando se padece una infección, en particular de la garganta.

4 troncos de apio
½ col
2 zanahorias

■ Lave todas las hortalizas. Trocéelas, exprímalas, remueva el zumo y tómeselo inmediatamente.
Rico en betacaroteno, calcio, magnesio, manganeso, potasio, ácido fólico y vitamina C.
Contiene también hierro y zinc.

APIO, BERRO Y PIMIENTO

Este zumo verde claro es agradablemente picante y otra gran fuente de nutrientes. Es un profundo depurador y un estimulante del sistema inmunológico, se dice que protege contra el cáncer y es particularmente beneficioso para la piel. También se cree que reduce la tensión arterial, mejora la circulación y alivia la migraña.

1 manojo pequeño de berros
6 troncos de apio
1 pimiento amarillo

■ Lave todas las verduras. Troecéelas, exprímalas, remueva el zumo y tómeselo al instante.
Rico en betacaroteno, ácido fólico, calcio, hierro, magnesio, manganeso, potasio, sodio y vitaminas B, C y E.
Contiene también vitaminas del grupo B, cobre y zinc.

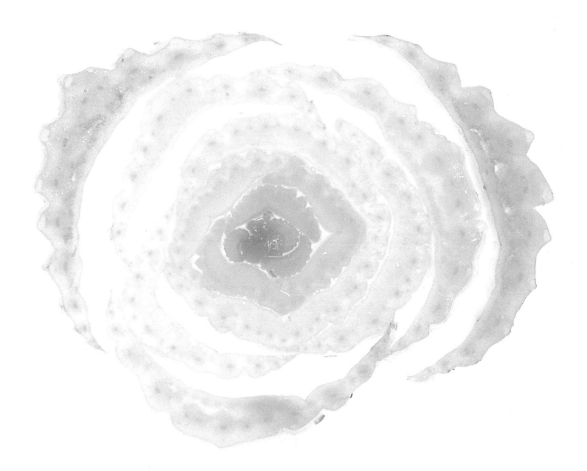

Lechuga

El zumo de lechuga es otro de intenso color verde que necesita diluirse con otros zumos más dulces. Contiene mucha agua y es altamente diurético, por lo que resulta útil a cualquier persona que sufra retención de líquidos. Además, contiene antioxidantes y silicio, que protege los huesos. Sus propiedades relajantes lo hacen beneficioso como bebida a última hora de la noche, para ayudar a dormir plácidamente.

LECHUGA Y MANZANA

Es un zumo verde claro, vigorizante y a la vez relajante. Es un depurador profundo, y la combinación de perejil y manzana suaviza el mal aliento. Sin embargo, tiene un sabor ligeramente amargo, por lo que es mejor añadirle una manzana dulce. Si incluso entonces es demasiado amargo para usted, añada otra manzana.

1 cogollo de lechuga pequeño
1 manzana
1 manojo grande de perejil

■ Lave todos los ingredientes. Exprima el perejil en tandas, intercalando la manzana y la lechuga, ya que es muy fibroso y requiere los demás ingredientes para pasar por la licuadora. Remueva bien el zumo y bébaselo.
Rico en betacaroteno, ácido fólico, calcio, pectina, magnesio, potasio, fósforo y vitamina C.

Contiene también otras vitaminas del grupo B, cobre y zinc.

LECHUGA Y TOMATE

¡Todos los nutrientes de una ensalada, pero bebida! A pesar de su turbio color verde, este zumo tiene un sabor fresco y puro. Utilice una lechuga pequeña o la mitad de una normal.

1 cogollo de lechuga pequeño
(o ½ lechuga normal)
2 tomates
2 puñados de brotes de soja

■ Lave todos los ingredientes y trocéelos. Remueva bien el zumo y tómeselo sin demora.
Rico en betacaroteno, ácido fólico, vitaminas C y E, calcio, magnesio, fósforo, biotina, cloro, potasio y sodio.
Contiene también vitaminas del grupo B, cobre, zinc, hierro y azufre.

LECHUGA Y REMOLACHA

Es un zumo muy reconstituyente y depurador que refuerza a todo el sistema, particularmente beneficioso cuando se toma a última hora de la noche. Favorece el sueño profundo y ayuda a regenerar y reparar las células durante la noche.

½ lechuga
2 remolachas

■ Lave las hortalizas, exprímalas y tómese el zumo inmediatamente.
Rico en betacaroteno, ácido fólico, calcio, hierro, sodio, potasio, fósforo y vitaminas B6 y C.
Contiene también otras vitaminas del grupo B, cobre y zinc.

Pimiento

ZUMO DE PIMIENTO

Sorprendentemente, se puede tomar este zumo puro, ya que tiene un sabor realmente suave. Es depurador y vigorizante. Estimula la circulación y la digestión y normaliza la tensión arterial.

1 pimiento rojo
1 pimiento amarillo

■ Lave los pimientos, descarte los tallos y las semillas, exprímalos y tómese el zumo.
Rico en betacaroteno, ácido fólico, calcio, magnesio, potasio y vitamina C.
Contiene también vitaminas del grupo B, vitamina E y hierro.

PIMIENTO, ESPINACAS Y MANZANA

Es un zumo revitalizador, con grandes cantidades de antioxidantes y propiedades beneficiosas para la salud. Los pimientos y las manzanas eliminan la amargura de las espinacas y los berros, y convierten este zumo en una bebida muy agradable. Se cree que combate el cáncer, normaliza la tensión arterial y reduce el colesterol.

2 manzanas dulces
1 pimiento rojo
2 troncos de apio
1 puñado grande de espinacas
1 gran manojo de berros

■ Lave los ingredientes y elimine los tallos y semillas del pimiento. Exprima las hortalizas, remueva el zumo y bébaselo.
Rico en betacaroteno, ácido fólico, calcio, magnesio, hierro, potasio, fósforo, pectina y vitaminas B3 y C.
Contiene también otras vitaminas del grupo B, vitamina E, cobre y zinc.

PIMIENTO Y JENGIBRE

Esta mezcla tiene un exótico sabor a especias, es picante y de un color amarillo sorprendente. Constituye un excelente desintoxicante, que estimula la digestión y la circulación, reduce la tensión arterial y protege del cáncer y de las infecciones.

2 zanahorias
1 pimiento amarillo
1 rodaja gruesa de piña
1 cm de raíz de jengibre

■ Extraiga la piel de la piña y del jengibre y las semillas del pimiento amarillo. Lave el jengibre, las zanahorias y el pimiento amarillo y luego exprímalos. Remueva el zumo y tómeselo al instante.
Rico en betacaroteno, ácido fólico, calcio, magnesio, vitamina C, fósforo y potasio.
Contiene también vitaminas del grupo B, vitamina E, hierro y zinc.

PIMIENTO Y ALCACHOFA

Esta receta emplea alcachofas redondas, que son conocidas como diurético y por su capacidad para limpiar el hígado. Esto, junto con los efectos depuradores y tonificantes del perejil, hace de este zumo un arma muy eficaz para combatir la celulitis.

2 alcachofas redondas
2 pimientos rojos o amarillos
1 manojo de perejil

■ Lave todos los ingredientes a conciencia y elimine los tallos y semillas de los pimientos. Exprima las hortalizas y las hierbas y tómese el zumo al momento.
Rico en betacaroteno, ácido fólico, calcio, hierro, magnesio, fósforo, potasio, silicio y sodio.
Contiene también vitaminas del grupo B, vitamina E y zinc.

PIMIENTO Y ZANAHORIA

Es un potente antioxidante y un soberbio desintoxicante que proporciona mucha energía. Ligeramente diurético y laxante, es un buen zumo para una desintoxicación o un ayuno a base de zumos (véase pág. 100). También es útil para combatir la cistitis, el síndrome premenstrual, la jaqueca, la migraña y para lograr una piel bonita.

1 pimiento rojo o amarillo
6 hojas de lechuga
1 zanahoria grande

Rico en betacaroteno, ácido fólico, calcio, magnesio, fósforo, potasio y vitamina C.
Contiene también vitaminas del grupo B, vitamina E, hierro y zinc.

Espinacas

El zumo de espinacas es perfecto: contribuye a mejorar el sistema inmunológico, combate el cáncer y limpia en profundidad. Beneficioso para una amplia gama de afecciones como úlceras, anemia, artritis y fatiga, tiene un efecto reforzante sobre los huesos, los dientes y las encías. También regula la tensión arterial y actúa como laxante natural. A pesar de sus poderes, debe utilizarse con precaución: si se consume con demasiada frecuencia puede tener un efecto depurador demasiado intenso. Además, debido a su fuerte sabor, conviene combinarlo con otros zumos.

ESPINACAS, REMOLACHA Y MANZANA

Es un gran favorecedor del sistema inmunológico y una de las mejores bebidas para limpiar todo el organismo en general y reforzar la salud. Además, tiene un sabor sensacional: dulce por la remolacha pero equilibrado por las espinacas.

3 puñados grandes de espinacas
2 remolachas pequeñas
2 manzanas grandes

■ Lave todos los ingredientes, procurando dejar las hojas de la remolacha para exprimirlas, si son biológicas. Las espinacas serán el ingrediente más duro, por lo hay que echar poca cantidad en la licuadora en cada tanda, seguida por la remolacha o la manzana. Remueva bien este zumo muy espumoso y bébaselo inmediatamente. Si lo desea, puede retirar la capa superior de espuma, ya que no resulta atractiva para todo el mundo.
Rico en betacaroteno, ácido fólico, calcio, hierro, magnesio, fósforo,

potasio y vitaminas B3, B6 y C.
Contiene también cobre y zinc.

ESPINACAS, COL Y ESPÁRRAGOS

Este zumo protector y depurador estimula el sistema inmunológico. Los espárragos son beneficiosos para los riñones y las espinacas limpian el hígado. Es ligeramente laxante, diurético y bueno para eliminar el acné.

½ col
1 puñado grande de espinacas
6 troncos de espárrago

■ Lave y pique las hortalizas. Exprímalas, remueva el zumo y bébaselo sin demora.
Rico en betacaroteno, ácido fólico, calcio, hierro, potasio y vitaminas B3, B6, C y E.
Contiene también zinc.

ESPINACAS, REMOLACHA Y AGUACATE

Este zumo claro, de color morado y extremadamente potente como antioxidante y depurador, tiene

un sabor predominante a remolacha, lo que significa que es muy dulce y mejora el sabor de las espinacas. El aguacate en realidad no produce zumo, más bien es una pulpa. Sin embargo, aporta dulzura y una textura suave a este zumo y, en términos nutritivos, protege el organismo contra la anemia.

1 puñado grande de espinacas
1 manojo pequeño de perejil
1 remolacha mediana
1 tronco de apio
1 aguacate

■ Lave todas las hortalizas a conciencia bajo el grifo, excepto el aguacate, que debe pelarse y extraérsele el hueso. No tire todas las hojas del apio y la remolacha, que también pueden exprimirse. Alterne las hortalizas que vaya pasando por la licuadora, espaciando las espinacas y el perejil, ya que sus fibras pueden atascarla. Remueva el zumo y bébaselo inmediatamente.
Rico en betacaroteno, ácido fólico, calcio, hierro, manganeso, potasio, sodio y vitaminas B3, B6 y C.
Contiene también zinc.

Nabo

El nabo produce un zumo cremoso de aspecto inofensivo, pero en lugar de ser insípido, en realidad es deliciosamente picante. Es mejor combinado con otros zumos de verduras más dulces. Es un excelente desintoxicante que afecta al aparato digestivo y a la sangre. Su elevada concentración de calcio es buena para reforzar los dientes y su gran contenido de potasio tiene un efecto alcalinizante, por lo que reduce la acidez y colabora en la depuración general del organismo.

NABO, ZANAHORIA Y DIENTE DE LEÓN

El diente de león es una de las hierbas más útiles del jardín. Es ideal para hacer zumo y está repleto de nutrientes. Se conoce desde siempre como diurético. Es un zumo que nutre, limpia y equilibra el organismo. Si le resulta demasiado amargo, añada más zanahorias o una remolacha.

1 puñado de hojas de diente de león
3 zanahorias
2 nabos

■ Raspe los nabos y zanahorias y no deseche las hojas, si son biológicas. Lave las hojas de diente de león y páselas primero por la licuadora en tandas, intercaladas con las otras hortalizas para que no la atasquen. Remueva el zumo y bébaselo al momento.
Rico en betacaroteno, ácido fólico, vitamina C, calcio, magnesio, fósforo y potasio.
Contiene también vitaminas del grupo B, hierro y zinc.

TÓNICO DE NABOS

Este zumo es en realidad un «superzumo» contra el cansancio y el decaimiento. Refuerza el organismo, estimula el sistema inmunológico, es depurador y un excelente reconstituyente general. Utilícelo cuando sufra estrés o agotamiento físico, así como para combatir el desfase horario tras un largo viaje en avión. Tiene un sabor deliciosamente picante.

2 nabos pequeños
2 remolachas
2 zanahorias
2 troncos de apio
1 puñadito de berros
1 manzana

■ Lave y pique todos los ingredientes y exprímalos en rotación. Remueva el zumo y sírvalo enseguida.
Rico en betacaroteno, ácido fólico, hierro, pectina, vitamina C, calcio, magnesio, fósforo, potasio y manganeso.
Contiene también vitaminas del grupo B, vitamina E, cobre y zinc.

Pepino

El pepino es una hortaliza idónea para zumos porque produce mucho líquido y su sabor suave diluye otros zumos más amargos o picantes. Es un poco insípido por sí solo, pero tiene cualidades relajantes, en particular para el tracto digestivo o el respiratorio, lo que lo convierte en una mezcla muy útil combinado con zumos antioxidantes protectores. También es depurador, con propiedades diuréticas y laxantes, y es beneficioso para cualquiera que padezca cálculos renales o biliares. La piel, las uñas y el cabello también se beneficiarán.

▌PEPINO
▌Y JENGIBRE

Este zumo es a un tiempo depurador y estimulante, y resulta beneficioso para los dolores menstruales y las menstruaciones fuertes, además es particularmente bueno para las uñas débiles o quebradizas.

1 pepino
1 cm de raíz de jengibre

■ Lave los ingredientes, exprímalos y tómese el zumo al momento.
Rico en ácido fólico, vitamina C, calcio, betacaroteno, silicio y potasio.
Contiene también hierro y zinc.

▌PEPINO, ZANAHORIA
▌Y RUQUETA

El fuerte sabor amargo de la ruqueta queda endulzado por las zanahorias y el pepino. La ruqueta es un potente antioxidante, pero si no encuentra, sustitúyala por berros o espinacas. Esta mezcla tiene un sabor agradable y suavemente picante. Si lo desea más fuerte (o con más

antioxidantes), añada más ruqueta. La mezcla combate el exceso de ácido úrico, por lo que beneficia a cualquier persona con reuma o cálculos renales o biliares.

1 puñado grande de ruquetas
2 zanahorias medianas
¼ pepino

Lave las hortalzas, dejando las hojas de las zanahorias, si son biológicas. Exprímalo todo y bébase el zumo inmediatamente.
Rico en betacaroteno, ácido fólico, vitamina C, calcio, magnesio, fósforo, potasio, silicio y sodio.
Contiene también vitaminas del grupo B, hierro y zinc.

▌PEPINO, PEREJIL
▌Y ZANAHORIA

Es un estimulante para la salud (debido a los efectos antioxidantes

del perejil y las zanahorias) y un diurético (por el perejil y el pepino) al mismo tiempo. El zumo del perejil es muy fuerte, pero su amargura se mitiga con la zanahoria y el pepino.

4 zanahorias grandes
1 manojo grande de perejil
¼ pepino

■ Lave todos los ingredientes a conciencia. Deje sin pelar el pepino y las zanahorias y conserve las hojas de las zanahorias, si son biológicas. Trocéelos todos. Pase primero el perejil; si la hierba es muy fibrosa, añádala en tandas, intercalándola con el pepino. Remueva bien el zumo y bébaselo sin demora.
Rico en betacaroteno, ácido fólico, vitamina C, calcio, magnesio, silicio y potasio.
Contiene también vitaminas del grupo B, hierro y zinc.

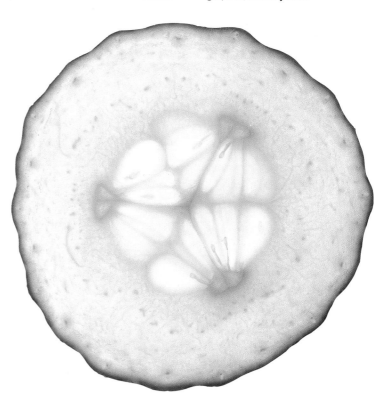

Achicoria

El zumo de achicoria es muy amargo y por eso sólo se utiliza en combinación con otras hortalizas. Sin embargo, tiene propiedades muy beneficiosas porque estimula el sistema inmunológico y contiene cierta cantidad de betacaroteno, además de hierro y potasio. También hay pruebas anecdóticas que sugieren que puede fomentar una buena visión.

ACHICORIA, ZANAHORIA Y APIO

Este potente zumo antioxidante es un excelente protector para la salud en general. La achicoria es particularmente depuradora para el hígado y la sangre, y combinada con la famosa reputación de las zanahorias para mejorar la visión nocturna, ayuda a la vista.

1 cogollo de achicoria
2 zanahorias
2 troncos de apio
1 manojo de perejil

■ Lave todos los ingredientes y exprímalos en rotación para que el perejil pase por la máquina sin atascarla. Remueva el zumo y bébaselo inmediatamente.
Rico en betacaroteno, ácido fólico, calcio, hierro, manganeso, magnesio, potasio y vitaminas B3 y C.
Contiene también otras vitaminas del grupo B, hierro y zinc.

Apio nabo

Es una hortaliza de raíz deliciosa. Su sabor es muy estimulante, en lugar de parecerse al soso apio, como a menudo espera la gente. Contiene muchos antioxidantes y es un buen diurético y depurador en general. Particularmente beneficioso para las personas que sufren artritis, también se dice que tiene un efecto relajante sobre el sistema nervioso.

APIO NABO Y BERRO

Las zanahorias y los berros aportan sus propiedades saludables a esta potente mezcla antioxidante, convirtiéndola en un protector para la salud en general y un gran desintoxicante. Tiene un sabor intenso, picante, ligeramente acre, y su color es decididamente turbio, pero en realidad es bastante sabroso. Si le resulta demasiado fuerte, añada más zanahorias.

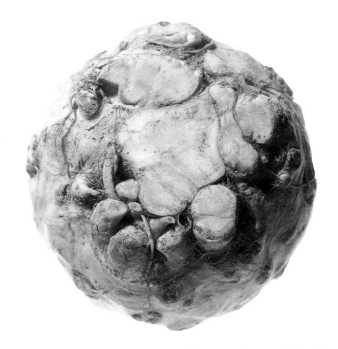

¼ apio nabo
1 puñado de berros
2 zanahorias

■ Lave los ingredientes, prestando especial atención al apio. Exprima los ingredientes en rotación.

Remueva el zumo y bébaselo al instante.
Rico en betacaroteno, vitamina C, calcio, ácido fólico, magnesio, fósforo y potasio.
Contiene también vitaminas del grupo B.

Cebolla

No es sorprendente que el zumo de cebolla tenga un sabor fuerte, por lo que no conviene tomarlo a menos que quiera llorar. Sin embargo, es un maravilloso estimulante del sistema inmunológico y un buen antibiótico. Además, es un antiséptico natural y un gran desintoxicante.

CEBOLLA, APIO NABO Y PEPINO

El sabor acre del apio nabo y la gran cantidad de jugo del pepino diluyen los efectos más abrumadores de la cebolla. Este zumo es particularmente beneficioso en casos de abotagamiento o para mantener a raya un resfriado. Si lo desea más dulce, añada otra zanahoria.

¼ apio nabo
¼ cebolla pequeña
1 pepino
2 zanahorias

■ Lave el apio nabo, el pepino y las zanahorias. Píquelos y pele la cebolla. Exprima cada ingrediente por separado; el apio, probablemente, necesitará pasar en trozos pequeños por ser tan denso. Remueva bien el zumo y tómeselo sin demora.
Rico en betacaroteno, ácido fólico, vitamina C, calcio, magnesio, fósforo, cloro, silicio y potasio.
Contiene también vitaminas del grupo B, hierro, cobre y zinc.

CEBOLLA Y POMELO

Esta combinación suena curiosa y sin duda tiene un sabor extraño, pero actúa bien contra el catarro y la ronquera. También es un poderoso antioxidante.

2 pomelos dulces grandes
1 cebolla pequeña

■ Pele los ingredientes. Exprímalos y tómese el zumo inmediatamente.
Rico en betacaroteno, ácido fólico, vitamina C, calcio, magnesio, fósforo, potasio y cloro.
Contiene también cobre, hierro, manganeso, zinc, vitaminas del grupo B y vitamina E.

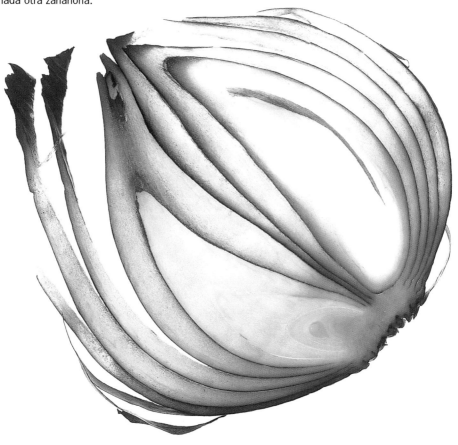

Hinojo

Aunque es demasiado fuerte para tomarlo solo, el zumo de hinojo tiene un sabor inconfundiblemente anisado y es muy bueno para animar otros zumos más insulsos. Los naturópatas lo emplean contra las náuseas y los problemas menstruales y de la menopausia. Ingerido, actúa como limpiador de la piel y por eso es excelente contra el acné y las manchas cutáneas. También fortalece la sangre y es bueno para adelgazar.

HINOJO Y PEPINO

Se trata de un zumo ligero y refrescante. Si no es bastante dulce, añada más zanahoria. Este zumo es ideal para quien confía en adelgazar y al mismo tiempo reforzar su sistema inmunológico.

1 cogollo de hinojo
¼ pepino
2 zanahorias

■ Lave todas las verduras a conciencia bajo el grifo y exprímalas. Remueva el zumo y bébaselo al instante.
Rico en vitamina C, ácido fólico, calcio, betacaroteno y potasio.
Contiene también vitaminas del grupo B, hierro y zinc.

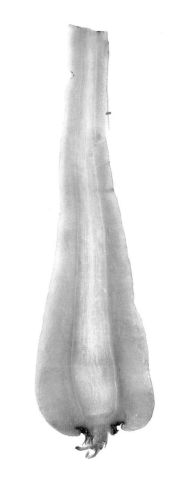

Chirivía

Con un gran número de vitaminas del grupo B y de vitamina E, la chirivía produce un zumo muy dulce. Fortalece las uñas, alivia los problemas bronquiales y es un buen desintoxicante, en especial para los riñones, ya que actúa como suave diurético y laxante. Por sí solo, el zumo es demasiado dulce, por lo que conviene mezclarlo con otros de sabor a especias o picantes.

CHIRIVÍA, APIO Y PATATA

Por sí solas, las patatas no producen un zumo especialmente apetitoso, pero se equilibran bien con la dulzura de la chirivía y el sabor picante del apio. Son una fuente de vitamina C muy útil, especialmente en invierno; sus propiedades como antiácido las hacen muy relajantes y depuradoras para el tracto digestivo. De hecho, en las clínicas naturopáticas, se usan a menudo para tratar las úlceras. También constituyen un buen tratamiento de belleza para la piel.

2 patatas
2 chirivías
2 troncos de apio

■ Lave todas las hortalizas y trocéelas. Alterne las de raíz con el apio, ya que son muy densas y difíciles de exprimir. Si la licuadora parece sufrir en el intento, utilice trozos más pequeños. Exprímalo todo, mézclelo y bébase el zumo inmediatamente.
Rico en ácido fólico, calcio, magnesio, fósforo, potasio, cloro, manganeso y vitaminas B3, E y C.
Contiene también otras vitaminas del grupo B, cobre, hierro y zinc.

Ajo

No es un zumo para que se lo tome antes de acudir a una fiesta, o descubrirá que no son sólo las infecciones las que se mantienen alejadas de usted. No obstante, las propiedades antibióticas, antibacterianas, antisépticas y antivíricas del ajo lo convierten en un aliado con el que hay que contar para proteger nuestra salud. Se dice que protege de las enfermedades cardíacas y el cáncer, y constituye un arma incomparable para combatir los resfriados. Sólo se necesita una minúscula cantidad para mezclarla con zumos más dulces, como los de zanahoria y remolacha.

AJO, ZANAHORIA Y REMOLACHA

Este zumo es el cóctel definitivo como antioxidante y en la lucha contra las infecciones. Es capaz de depurar la sangre, fortalecer el corazón y la circulación, y además reducir el colesterol. Si lo toma al primer síntoma de resfriado, quizá lo frene en seco.

2 dientes de ajo
2 zanahorias
2 remolachas pequeñas
2 troncos de apio

■ Lave las hortalizas y pele los ajos. Exprímalo todo y beba el zumo sin demora.
Rico en betacaroteno, ácido fólico, calcio, hierro, magnesio, manganeso, potasio y vitaminas B6, C y E.
Contiene también otras vitaminas del grupo B y zinc.

Batata

El zumo de batata no es tan horrible como el que se extrae de la patata, pero sigue siendo mejor tomárselo combinado con otros zumos. Lleno de antioxidantes y enormemente nutritivo, es muy desintoxicante (en particular para el aparato digestivo) y estimula la circulación. También es un intenso vigorizante y se dice que resulta beneficioso contra las úlceras y como protección contra el cáncer.

BATATA, PUERRO Y ZANAHORIA

Es un gran cóctel antioxidante y en consecuencia un buen protector general para la salud.

Particularmente beneficioso para aliviar jaquecas, este zumo es muy depurador y vigorizante.

1 batata grande
1 puerro
2 zanahorias
2 troncos de apio

■ Lave todos los ingredientes, exprímalos y tómese el zumo al momento.
Rico en betacaroteno, ácido fólico, calcio, magnesio, cloro, fósforo, potasio, sodio y vitaminas B3, C y K.
Contiene también otras vitaminas del grupo B, azufre, hierro y zinc.

Rábano

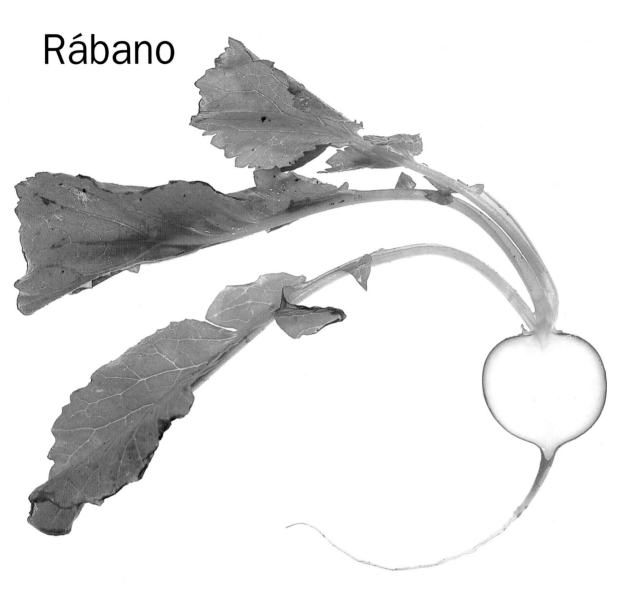

El rábano produce un jugo picante muy fuerte, imbebible a menos que se diluya. Es intensamente depurador y un potente antioxidante, y por ello excelente como parte de un programa de desintoxicación. Actúa sobre todo en el sistema respiratorio, despejando los senos y combatiendo las infecciones, además, estimula el aparato digestivo.

▌ RÁBANO, COL Y COLIFLOR

La combinación de rábanos y coliflor tiene un sabor bastante amargo y picante, que se endulza añadiendo zanahorias y col. No utilice una col verde o morada para este cóctel de zumos, pues su sabor sería demasiado fuerte. Se sabe que la col es buena para limpiar las manchas de la piel, y que las zanahorias sirven para mejorar el estado de la misma.

Además de ser bueno para los problemas cutáneos, este zumo enormemente protector es útil también para contribuir a la mejora del sistema inmunológico y se dice que combate las infecciones con gran eficacia.

6 rábanos
¼ col blanca pequeña
¼ coliflor pequeña
2 zanahorias

■ Lave todas las hortalizas a conciencia y exprímalas, alternando los ingredientes. Remueva bien el zumo y tómeselo de forma inmediata.

Rico en betacaroteno, ácido fólico, calcio, magnesio, potasio, hierro y vitaminas C, E y K.
Contiene también vitaminas del grupo B, sodio, azufre y zinc.

guía de

salud

Los zumos de frutas y hortalizas
crudas proporcionan gran cantidad de vitaminas y
minerales esenciales, enzimas y azúcares de una manera
concentrada. Por estar crudas, conservan todos los nutrientes que se
destruyen durante la cocción y, simplemente por ser zumos, son mucho
más fáciles de ingerir que si se intenta consumir la misma cantidad de alimentos
crudos. El líquido es asimilado muy rápidamente por el organismo; es mucho más

Zumos contra las enfermedades

fácil beber un vaso de zumo de zanahoria que masticar medio kilo. Los zumos son
muy nutritivos y unos potentes depuradores del sistema, pero también pueden
emplearse con objetivos terapéuticos específicos y para ayudar a aliviar
síntomas desagradables. Como la mayoría de los remedios naturales,
tardan un tiempo en actuar, pero si usted los ingiere como si
fueran píldoras de vitaminas, consumiéndolos todos los
días, empezará a constatar sus beneficios en
pocas semanas.

Zumos para
los niños

Los zumos de frutas que describe este libro suelen ser muy apetitosos para los niños, ya que son dulces y sabrosos. En una edad en la que la mayoría de los pequeños son el objetivo de los anuncios que inciden en la necesidad de consumir menos comida basura, los zumos naturales son una manera fácil de garantizar que ingieran las vitaminas y los minerales que precisan para crecer. Recuerde que la mayoría de los zumos de las tiendas de comestibles llevan allí algún tiempo, por lo que incluso los «recién exprimidos» habrán perdido gran parte de su valor nutritivo, mientras que otras «bebidas a base de zumos» contendrán muy poco zumo natural, ya que suelen constar de un 90 por ciento de agua, con azúcar añadido a un poco de zumo concentrado.

La mayoría de los zumos de hortalizas no son atractivos para los niños, porque su sabor es excesivamente amargo y, en cualquier caso, son demasiado fuertes para un organismo joven. Las excepciones son los combinados de zanahoria y remolacha, que son más dulces que la mayoría de los zumos de hortalizas y pueden darse a los niños de vez en cuando.

Como casi todos los padres saben, puede ser muy difícil convencer a un niño para que coma suficientes frutas y hortalizas, y muchos niños no quieren ni tocarlas. Llegados a este punto, los zumos pueden ser una buena vía de salvación. Contienen nutrientes vitales que suelen ser extraordinariamente sabrosos para ellos.

Los más pequeños (menos de 7 años) no deben tomar zumos sin diluir; mezcle zumo y agua a partes iguales. A los de entre 7 y 14 años, déles la mitad del zumo recomendado (para adultos) en estas recetas. A partir de los 14 años, pueden tomar la misma cantidad y concentración de zumo que los adultos. Los pequeños no deben tomar más de un zumo al día, pero los adolescentes pueden consumir hasta 2 vasos.

También se puede añadir yogur natural biológico o tofu a los zumos para convertirlos en batidos (véase pág. 41). Así se añaden también proteínas a las bebidas. Simplemente, exprímalos del modo habitual y luego bata el yogur o tofu.

Naturalmente, a los niños tienden a gustarles los zumos más dulces. Los más dulces son los de pera o manzana, o bien los que contienen plátano, mango o papaya, que aportan energía al organismo. Inicie a sus hijos en los zumos a temprana edad y serán más sanos y menos propensos a las infecciones, además de adquirir un hábito saludable.

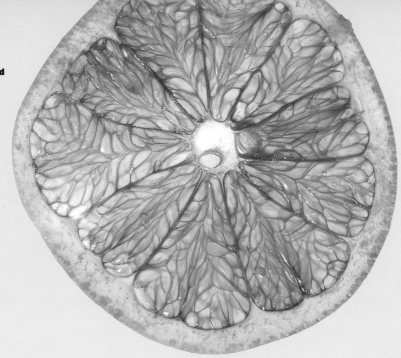

■ Acné

Los granos son el resultado más común de un desequilibrio hormonal o dietético, o bien de una combinación de ambos. El acné suele asociarse a la adolescencia, pero las espinillas pueden aparecer en cualquier momento, y a muchas mujeres les salen justo antes de la menstruación, con independencia de su edad. Sirve de ayuda reducir el consumo de comida rápida y especias, así como beber mucha agua. Para contrarrestar el acné, beba dos o tres vasos al día de uno de los zumos siguientes, alternándolos regularmente:

Brécol y remolacha (pág. 68)
Espinacas, col y espárragos (pág. 74)
Fresa, frambuesa y cereza (pág. 65)
Naranja y pomelo (pág. 58)
Zanahoria y manzana (pág. 66)

■ Alitosis

El mal aliento suele ser un síntoma de otro problema subyacente, como una mala digestión o el estreñimiento, aunque también puede deberse a caries o enfermedades de las encías. Si se trata de esto último, es evidentemente importante consultar a un dentista. En el primer caso, tome uno de los siguientes zumos cada mañana y cada noche, variándolos:

Col, membrillo y zanahoria (pág. 69)
Lechuga y manzana (pág. 72)
Zanahoria con hierbas (pág. 66)

■ Anemia

La anemia por insuficiencia férrica es frecuente en mujeres que tienen menstruaciones muy copiosas o no consumen suficiente hierro (ni posiblemente ácido fólico). Se recomienda incluir más carne roja e hígado en la dieta y uno o dos de los siguientes zumos cada día. Varíe los zumos con regularidad:

Albaricoque y kiwi (pág. 50)
Brécol y remolacha (pág. 68)
Espinacas, remolacha y aguacate (pág. 74)
Mora y sandía (pág. 47)
Uva y ciruela (pág. 53)

■ Artritis y reuma

Reuma es el término coloquial para describir el dolor y la rigidez de los músculos, mientras que la artritis se refiere al dolor y a la hinchazón de las articulaciones. La osteoartritis, una enfermedad degenerativa de las articulaciones, erosiona el cartílago protector de los dedos, las rodillas, las caderas y las vértebras. Puede presentarse un gran dolor con hinchazón, que suele desembocar en inmovilidad.

Ciertos zumos tienen efectos antiinflamatorios, y por eso ayudan a reducir la hinchazón y el dolor, así como la inmovilidad consecuente. Estos zumos incluyen los de alcachofa, zanahoria, apio y remolacha. El zumo de piña también es útil en estos casos. Tome un vaso de los siguientes zumos dos veces al día, y no olvide variarlos:

Apio nabo y berro (pág. 77)
Cereza y nectarina (pág. 53)
Espinacas, remolacha y manzana (pág. 74)
Pepino, zanahoria y ruqueta (pág. 76)
Remolacha y pepino (pág. 67)

■ Asma

El asma puede deberse a diversos desencadenantes que afectan de forma distinta a diferentes personas. Éstos pueden ser los contaminantes del aire, las reacciones alérgicas, la ansiedad o el aire frío. Por lo general, las técnicas de relajación y respiración son beneficiosas, y diversos zumos, como los siguientes, ayudan a calmar la tos asmática:

Brécol y remolacha (pág. 68)
Lechuga y tomate (pág. 72)
Fresa, frambuesa y cerezas (pág. 65)
Plátano y arándanos (pág. 61)

■ Cabello

El cabello es en realidad materia muerta, pero su raíz está viva. Los siguientes zumos aportan las vitaminas y los minerales necesarios para mantener sano el cabello. Tome uno al día, variándolos diariamente:

Cóctel de mango (pág. 55)
Col y batata (pág. 69)
Granadilla y cerezas (pág. 65)

■ Calambres

Los calambres pueden deberse a una carencia de ciertos minerales como el potasio y el

magnesio. La grosella negra, la granadilla y el melón contienen grandes cantidades de estos dos minerales vitales. El plátano es otra conocida cura para los calambres. Para aliviarlos, tome uno o dos vasos al día de los siguientes zumos:

Melón y uva (pág. 56)
Mora y sandía (pág. 47)
Plátano y melón (pág. 61)

■ Cálculos biliares

Los cálculos de la vesícula son depósitos minerales parecidos a la gravilla que se acumulan en la vesícula biliar, normalmente causados por una dieta con demasiadas grasas.

Puede que no den síntomas durante mucho tiempo, o sólo muy leves, como indigestión o la sensación de abotagamiento, que se desencadenan con una comida muy grasa. El consejo obvio es reducir al máximo el consumo de grasas. Los siguientes zumos, tomados una vez al día, también le ayudarán:

Papaya y jengibre (pág. 51)
Rábano, col y coliflor (pág. 81)
Zumo de remolacha (pág. 67)

■ Cálculos renales

Si desarrolla cálculos renales, intente beber toda el agua sin gas filtrada que pueda a fin de irrigar bien los riñones. Los siguientes zumos ayudan a limpiar los riñones y disolver los cálculos. Tome dos o tres al día, alternándolos:

Melocotón con caqui (pág. 57)
Pepino, zanahoria y ruqueta (pág. 76)
Plátano y arándanos (pág. 61)
Remolacha y espinacas (pág. 67)

■ Celulitis

Aunque se sigue rechazando y considerándose un invento de la industria cosmética, la mayoría de las mujeres coincide en que hay una diferencia entre la celulitis y la grasa. La celulitis consiste en hoyuelos de grasa que tienden a aparecer en determinadas zonas del cuerpo femenino, sobre todo los muslos, las nalgas, los brazos y el abdomen. Suele ser un signo de que el sistema linfático no expulsa eficazmente las toxinas del organismo. Las fricciones cutáneas y el ejercicio regular ayudan a mejorar los síntomas. Además, los siguientes zumos son beneficiosos, si se toman diariamente y se varían con frecuencia:

Espinacas, col y espárragos (pág. 74)
Nabo, zanahoria y diente de león (pág. 75)
Pepino, perejil y zanahoria (pág. 76)
Pimiento y alcachofa (pág. 73)

■ Circulación

Uno de los signos más evidentes de mala circulación es tener las manos y los pies fríos. Lo más valioso que puede hacer para remediarlo es ejercicio regular, aunque sólo sea caminar varias veces al día. También ayuda dejar de fumar y reducir el consumo de sal. Los platos con muchas especias y productos como ajo y jengibre revitalizan la circulación densa. Puede incorporarlos a su dieta normal y también a sus zumos. Tómese uno o dos de los siguientes cada día, alternándolos a menudo:

Ajo, zanahoria y remolacha (pág. 80)
Manzana, piña y jengibre (pág. 46)
Pimiento y jengibre (pág. 73)
Zumo de mandarina (pág. 59)

■ Cistitis

La cistitis es un problema doloroso y angustiante. No sólo hace desear ir al lavabo cada pocos minutos, sino que el ardor que se siente al orinar es una tortura. Está provocada por una inflamación de la membrana que recubre la vejiga, que debe reducirse bebiendo la máxima

cantidad de agua posible más uno o dos de los
siguientes zumos cada día, en rotación:

Nabo, zanahoria y diente de león (pág. 75)
Plátano y arándanos (pág. 61)
Pimiento y zanahoria (pág. 73)

■ Colesterol

Una dieta muy rica en grasas saturadas produce
un exceso de colesterol en el organismo. Se
acumula en las paredes de las arterias y el
resultado es la arteriosclerosis. Las grasas
saturadas se encuentran en la carne roja, los
productos lácteos y los alimentos fritos, y lo
mejor es evitarlos. El colesterol se asocia a las
enfermedades cardíacas, a los cálculos biliares
y a la celulitis. Los siguientes zumos son
beneficiosos para la salud de las arterias.
Tómese uno al día, variándolos con frecuencia:

Ajo, zanahoria y remolacha (pág. 80)
Naranja y pomelo (pág. 58)
Piña, plátano y manzana (pág. 62)
Tomate y apio (pág. 70)

■ Depuración

Muchos de los zumos descritos en este libro son
unos depuradores intensos y, ya se tomen
regularmente o como parte de un ayuno a base
de zumos (véanse págs. 100-123), ayudan a
librar al cuerpo de toxinas para que pueda
repararse y rejuvenecerse. Algunos de los
mejores son:

Apio nabo y berros (pág. 77)
Cóctel de kiwi (pág. 54)
Col y batata (pág. 69)
Espinacas, remolacha y aguacate (pág. 74)
Naranja y plátano (pág. 58)
Zanahoria y manzana (pág. 66)

■ Diarrea

La diarrea puede ser el resultado de diversas
causas, desde parásitos, intoxicación alimentaria

y estrés hasta el desfase horario tras un viaje en
avión. Si se prolonga, consulte siempre a su
médico. Mientras tanto, no coma, beba toda el
agua que pueda y uno o dos de los zumos
siguientes:

Zumo de manzana, diluido a partes iguales
con agua sin gas filtrada (pág. 46)
Zumo de zanahoria, diluido a partes iguales
con agua sin gas filtrada (pág. 66)
Cuando los síntomas empiecen a disminuir:
Ciruela y piña (pág. 63)

■ Dolor de garganta

El dolor de garganta aparece a menudo como
síntoma del resfriado o de una infección
respiratoria. Intente descansar y tome
de uno a tres de los zumos siguientes al día,
variándolos a menudo:

Apio, col y zanahoria (pág. 71)
Berro y zanahoria (pág. 70)
Cebolla y pomelo (pág. 78)

■ Eczema y psoriasis

Estas afecciones cutáneas están muy extendidas
y pueden deberse a distintas causas, incluyendo

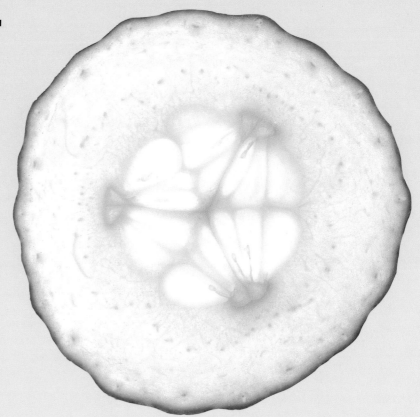

estrés, reacciones alérgicas, factores
hereditarios y fatiga. Es muy beneficioso
un baño caliente con un aceite balsámico
como el de manzanilla, lavanda o geranio.
Si el problema lo desencadena el estrés
o la fatiga, se recomienda también mucho
descanso y ejercicios de relajación. Tome
uno o dos de los clásicos zumos depuradores
siguientes cada día:

Albaricoque y kiwi (pág. 50)
Cóctel de mango (pág. 55)
Zumo de manzana (pág. 46)
Zumo de pera (pág. 48)

■ Enfriamiento

Cuando el cuerpo se calienta demasiado (debido
al calor ambiental o al exceso de ejercicio),
una de las mejores maneras de refrescarlo es
con zumo de apio. Tiene el efecto, no sólo de
normalizar la temperatura corporal, sino también
de reponer el sodio, algo muy útil después de
sudar. Tómese uno de los zumos siguientes cada
dos o tres horas:

Apio, col y zanahoria (pág. 71)
Apio, berro y pimiento (pág. 71)
Tomate y apio (pág. 70)

■ Envejecimiento

Las vitaminas A (betacaroteno de las frutas y
hortalizas), C y E, junto con los minerales zinc
y selenio, son los antioxidantes primordiales.
Una vez incorporados al organismo, actúan como
soldados contra los radicales libres, que son
moléculas desequilibradas electrónicamente,
generadas en nuestro organismo por agentes
como la contaminación, el tabaco, los pesticidas,
los fármacos, el exceso de comida, el estrés
y ciertos alimentos.

Estos radicales libres son responsables, a
nivel celular, de muchas de las enfermedades
degenerativas asociadas al envejecimiento.
Reaccionan con otras moléculas sanas y las
vuelven también inestables, iniciando así una
reacción en cadena de destrucción celular. Esto
puede conducir a estados degenerativos graves,
como el cáncer y las enfermedades cardíacas,
pero también a otros signos de envejecimiento

prematuro, como arrugas y pérdida de tono muscular. La mayoría de las recetas de este libro contienen antioxidantes que combaten este proceso. Beber el máximo número de zumos posible es la mejor protección. Tome por lo menos uno al día, pero preferiblemente dos o tres, de los siguientes:

Fresa, frambuesa y cereza (pág. 65)
Naranja y pomelo (pág. 58)
Papaya y jengibre (pág. 51)
Zanahoria con hierbas (pág. 66)
Zanahoria y manzana (pág. 66)

■ Estimulantes del sistema inmunológico

Su resistencia a las enfermedades e infecciones aumenta incrementando el aporte de antioxidantes (véase Envejecimiento). La mayoría de los zumos descritos en este libro contienen numerosos antioxidantes, y tomar dos o tres todos los días es una buena manera de proteger su salud. Algunos de los mejores son:

Berro y zanahoria (pág. 70)
Cebolla, apio nabo y pepino (pág. 78)

Col y batata (pág. 69)
Rábano, col y coliflor (pág. 81)
Remolacha y zanahoria (pág. 67)
Tónico de nabos (pág. 75)
Zanahoria y manzana (pág. 66)
Zumo de tomate (pág. 70)

■ Estreñimiento

Tomando zumos cada día debería erradicar el estreñimiento por completo. No obstante, el ejercicio regular, una dieta sana y, por encima de todo, beber mucha agua también resulta beneficioso. La manzana es muy eficaz ante cualquier problema digestivo, y la mayoría de las hortalizas de hojas de color verde oscuro estimulan el funcionamiento de los intestinos. De todos modos, muchos zumos actúan como escobas intestinales. Tómese dos o tres al día de los siguientes, alternándolos para obtener su máximo efecto:

Ciruela, manzana e higo (pág. 63)
Espinacas, col y espárragos (pág. 74)
Manzana, naranja y piña (pág. 46)
Pera y piña (pág. 48)
Zanahoria y manzana (pág. 66)
Zumo de pimiento (pág. 73)

■ Estrés

El estrés parece ser inevitable en la vida contemporánea, pero si se prolonga durante mucho tiempo, socava nuestra salud general de una forma muy acusada. Si usted se somete a mucho estrés, intente hacer algún tipo de relajación o meditación y asegúrese de descansar lo suficiente. Los siguientes zumos son relajantes y además ayudan a reponer los nutrientes que se pierden cuando sufrimos un estrés excesivo. Tome de uno a tres al día, cambiándolos a menudo:

Apio nabo y berro (pág. 77)
Pera y plátano (pág. 48)
Sandía y mora (pág. 60)
Tónico de nabos (pág. 75)

■ Falta de energía

Los zumos siguientes funcionarán cuando tenga una sensación constante de cansancio o simplemente cuando quiera aumentar sus niveles de energía en general. No olvide que también necesita descansar y que una dieta inadecuada basada en comida rápida, grasas, azúcar y sal agota las reservas de energía. Tome dos o tres

de los zumos siguientes al día, variándolos con frecuencia:

Lechuga y manzana (pág. 72)
Naranja y zanahoria (pág. 58)
Mora y sandía (pág. 47)
Uvas, piña y albaricoque (pág. 53)
Zanahoria y kiwi (pág. 66)
Zumo de manzana (pág. 46)

■ Ficbre

Los naturópatas consideran la fiebre un buen signo: el cuerpo aumenta su temperatura para matar las bacterias invasoras, que no soportan el calor. Aunque la fiebre puede ser peligrosa si se prolonga, reducir la temperatura antes de que haya concluido su trabajo significa que la infección tiene muchas probabilidades de reproducirse. En casos de fiebre alta, siempre hay que consultar con el médico, especialmente en los niños. No obstante, si es un síntoma relativamente suave de la gripe, el mejor remedio es meterse en la cama y beber toda el agua posible y hasta tres de los zumos siguientes al día, rotándolos a menudo:

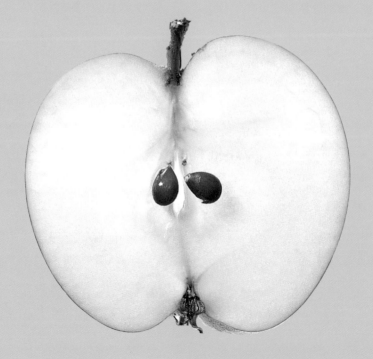

■ Flatulencia

La flatulencia es un signo de que el aparato digestivo no funciona bien. Las infusiones de hierbas como la menta, el hinojo y el jengibre suelen ser relajantes. También ayuda evitar mezclar almidón y proteínas en una misma comida. Los siguientes zumos son relajantes y regeneradores del aparato digestivo. Tome uno o dos al día, variando el tipo:

■ Indigestión

Los zumos constituyen un buen remedio para tratar los problemas digestivos de todo tipo. El de manzana es muy eficaz, sobre todo combinado con zumos espesos, dulces y calmantes como los de mango, papaya, melocotón y piña. Tome hasta tres de los siguientes cada día:

■ Insomnio

Si la causa de su insomnio es el estrés, intente adoptar alguna técnica de relajación o meditación. Suele servir de ayuda tomar un baño caliente con aceite de lavanda antes de acostarse para «desenredarse». Los siguientes zumos son relajantes e inducen al sueño. Tome uno media hora antes de acostarse.

■ Jaqueca y migraña

Las jaquecas se deben a diversos factores, incluyendo el estrés, una dieta inadecuada o un mal funcionamiento digestivo, un desequilibrio hormonal, alergias o cansancio. Si usted padece jaquecas recurrentes, es aconsejable consultar a su médico. Una cefalea moderada se alivia aplicándose masajes en las sientes con aceite de lavanda. Pruebe los zumos siguientes, tomándose hasta tres al día, para combatir las jaquecas, alternándolos con frecuencia:

■ Menstruación

Estos zumos calman los dolores y además ayudan a reponer el hierro que se pierde en casos de menstruación muy copiosa. Una mezcla de aceites de aromaterapia que es muy buena para mitigar los dolores menstruales consta de:

5 gotas de aceite de manzanilla y 5 de aceite de geranio mezcladas con 15 gotas de aceite de amaro en 100 ml de una base grasa (por ejemplo, aceite de almendras o de semillas de uva). Aplíquese un masaje muy suave de esta mezcla con la mano sobre el abdomen, con movimientos circulares en el sentido de las manecillas del reloj. Además, tome dos o tres de los siguientes zumos al día mientras duren los síntomas:

Albaricoque y piña (pág. 50)
Frambuesa y membrillo (pág. 64)
Manzana, piña y jengibre (pág. 46)
Melón y ciruela (pág. 56)
Pepino y jengibre (pág. 76)

■ Náuseas

Las nauseas pueden estar causadas por una reacción a algún componente de la dieta, por ejemplo alimentos grasos o alcohol, o bien a mareos matinales durante el embarazo o en los viajes. El jengibre es extremadamente relajante como infusión o mezclado en zumos. Pruebe:

Manzana, piña y jengibre (pág. 46)
Pepino y jengibre (pág. 76)

■ Obesidad

Si usted quiere adelgazar la mejor manera es seguir una dieta sensata, sana y controlada. Las dietas de choque no funcionan a la larga, ya que los kilos perdidos vuelven a acumularse en cuanto se abandona el régimen. Es mucho mejor adelgazar progresivamente. Un ayuno a base de zumos, de uno o de tres días, es una excelente manera de empezar, ya que no sólo perderá parte del peso que le sobra, sino que además se sentirá mejor y tendrá mejor aspecto, todo ello excelentes incentivos para seguir. Tomar entre uno y tres zumos al día aporta muchos beneficios, ya que proporciona una buena base nutritiva para la dieta, y, además, los zumos llenan bastante: una manera mucho más sana de matar el hambre que el chocolate. Cualquier zumo depurador va bien para esto, pero recuerde que debe variarlos constantemente a fin de obtener el mejor suministro de nutrientes. Estos tres son muy recomendables:

Brécol y remolacha (pág. 68)
Hinojo y pepino (pág. 79)
Zumo de pera (pág. 48)

■ Ojos

La creencia popular de que las zanahorias ayudan a ver en la oscuridad se basa en hechos. Las zanahorias contienen carotenoides, que protegen los ojos, igual que otras frutas y hortalizas. Para mantener con buena salud a sus ojos (sobre todo si se pasa gran parte del día frente a una pantalla de ordenador), pruebe uno de estos zumos diariamente, alternándolos para obtener sus mejores efectos:

Achicoria, zanahoria y apio (pág. 77)
Brécol y remolacha (pág. 68)
Cóctel de mango (pág. 55)
Zanahoria con hierbas (pág. 66)

■ Piel

Tomar regularmente zumos depuradores y antioxidantes beneficiará a su aspecto tanto como a su salud interna. Los resultados se muestran en la piel enseguida, sobre todo si usted empieza con un ayuno a base de zumos, cuando las arrugas finas y las manchas desaparecen y la piel adopta un aspecto saludable. Beba de uno a tres de los zumos siguientes cada día, rotándolos con frecuencia:

Chirivía, apio y patata (pág. 79)
Col y batatas (pág. 69)
Cóctel de mango (pág. 55)
Pimiento y zanahoria (pág. 73)
Zumo de cereza (pág. 53)

■ Protección contra el cáncer

Distintas causas pueden desencadenar diferentes tipos de cáncer en cada persona. No obstante, existen algunas medidas de seguridad que todo el mundo debería adoptar: no fumar, utilizar filtros solares y seguir una dieta sana. Es en la última categoría donde pueden ayudar los zumos, ya que proporcionan un enorme caudal de antioxidantes (véase Envejecimiento). Tome de uno a tres vasos de los siguientes zumos al día, variándolos a menudo:

Batata, puerro y zanahoria (pág. 80)
Brécol y remolacha (pág. 68)

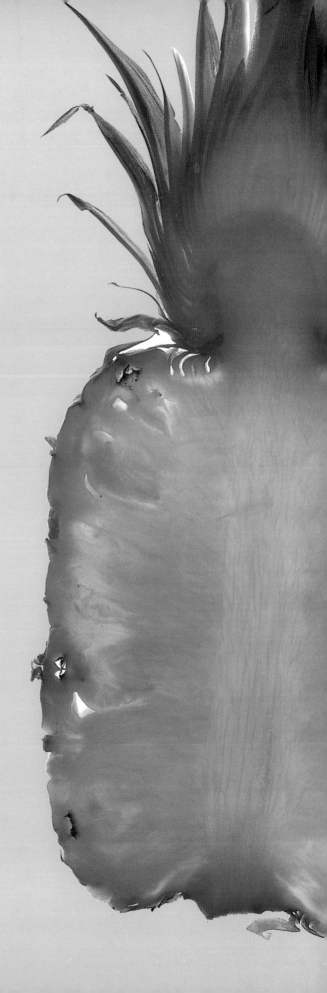

Cóctel de arándanos (pág. 49)
Col y apio (pág. 69)
Fresa y arándanos rojos (pág. 65)
Papaya, piña y mango (pág. 51)
Pimiento, espinacas y manzana (pág. 73)

Nabo, zanahoria y diente de león (pág. 75)
Pepino, perejil y zanahoria (pág. 76)
Sandía y mora (pág. 60)
Zanahoria con hierbas (pág. 66)
Zanahoria y kiwi (pág. 66)

■ Retención de líquidos

La retención de agua u otros fluidos es un problema constante para algunas personas. Muchas mujeres la padecen justo antes de la menstruación. Sirve de ayuda beber mucha agua y evitar el té y el café, así como hacer ejercicios rítmicos suaves. Además, hay muchos zumos diuréticos que puede beber. Pruebe tomando entre uno y tres de los siguientes al día, alternándolos con frecuencia:

Albaricoque y kiwi (pág. 50)
Frambuesa y melón (pág. 64)
Melón y uva (pág. 56)

■ Síndrome premenstrual

Los síntomas que presentan las mujeres varían enormemente e incluyen abotagamiento, aumento de peso, cambios de humor y dolores. Los siguientes zumos ayudan a aliviar la retención de líquidos y los dolores, además de poseer un efecto relajante en general. Tome dos o tres de estos zumos, variándolos con regularidad mientras persistan los síntomas del síndrome premenstrual:

Batata, puerro y zanahoria (pág. 80)
Manzana, piña y jengibre (pág. 46)
Pimiento y zanahoria (pág. 73)

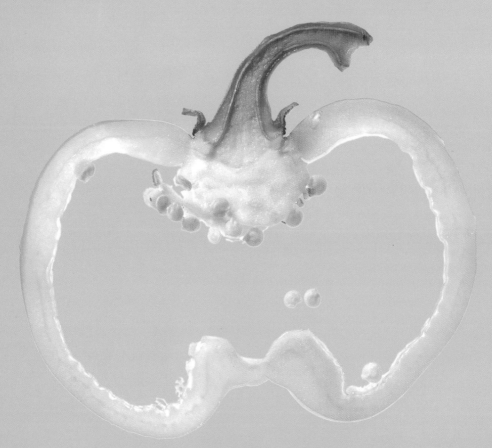

■ Tensión arterial alta

El estrés, fumar y consumir alcohol, sal y grasa contribuyen a aumentar la tensión arterial, así como tomar café y té. Si usted tiene la tensión alta es aconsejable que varíe su dieta, a fin de evitar al máximo tales ingredientes, y también que tome medidas para superar el estrés, como aprender a meditar y utilizar técnicas de relajación. También puede ser beneficioso tomar uno de los siguientes zumos depuradores y relajantes al día:

Ajo, zanahoria y remolacha (pág. 80)
Remolacha y pepino (pág. 67)
Tomate y apio (pág. 70)

■ Tos y resfriados

Puede protegerse de las infecciones causadas por el frío tomando uno o dos vasos al día de zumos que estimulen el sistema inmunológico. Al inicio del primer síntoma, beba hasta cuatro vasos al día de los zumos siguientes; los que contienen cebolla o ajo son especialmente útiles en este momento, e incluso pueden parar en seco la infección. (Véase también Dolor de garganta.)

Ajo, zanahoria y remolacha (pág. 80)
Berro y zanahoria (pág. 70)
Cebolla, apio nabo y pepino (pág. 78)

Espinacas, col y espárragos (pág. 74)
Naranja y pomelo (pág. 58)
Remolacha y zanahoria (pág. 67)
Zanahoria y manzana (pág. 66)

■ Úlceras

Las úlceras suelen ser una consecuencia del estrés, y si ése es su problema subyacente, intente solucionarlo relajándose, meditando y descansando. La patata, la batata y el plátano ayudan a calmar el dolor de las úlceras de estómago. Beba uno o dos vasos de estos zumos al día, variándolos todo lo que pueda:

Batata, puerro y zanahoria (pág. 80)
Chirivía y patata (pág. 79)
Pera y plátano (pág. 48)

■ Uñas

Muchas personas tienen las uñas frágiles, ya que se rompen o quiebran fácilmente o crecen con bordes irregulares y marcas. Las vitaminas y minerales de la mayoría de los zumos ayudan a aliviar estos problemas, si se toman cada día. No obstante, estos dos zumos son especialmente útiles:

Pepino y jengibre (pág. 76)
Zumo de papaya (pág. 51)

PARTE 4

programas con

zumos

Ayunar es la forma de curación más antigua que conoce el hombre, y se basa en la simple premisa de que un período de abstinencia de alimentos proporciona al cuerpo el tiempo que necesita para curarse a sí mismo. Quizá la idea tuvo sus orígenes en la observación por parte de los hombres primitivos de que los animales dejaban de comer cuando estaban enfermos y volvían a hacerlo

Ayuno a

cuando se sentían mejor. Tal vez, en una época en que vivíamos más próximos a la naturaleza, ayunábamos por instinto. Hipócrates y Platón recomendaban ayunar regularmente, y la mayoría de las grandes religiones del mundo abogan por un período dedicado al ayuno cada año. En tiempos más recientes, los ayunos a base de zumos se han convertido en la base de muchas curas de salud en Europa, sobre todo a partir del siglo XIX. Muchos alemanes, por ejemplo, creen en la Rohsafte-Kur (la cura de zumo crudo); afirman que es una eficaz manera de desintoxicarse y recuperar la salud corporal después de algún exceso, de períodos de estrés y fatiga o de enfermedades. Aunque tales curas se prolongan durante mucho tiempo en las clínicas de salud, incluso un día de ayuno a base de zumos tiene un efecto notable, en especial si se repite con regularidad. El ayuno a base de zumos es uno de los tratamientos más depuradores y rejuvenecedores que existen. Durante el ayuno, el cuerpo expulsa

base de zumos

toxinas que llevaban mucho tiempo en él. Sus propios mecanismos reguladores afectan a los tejidos en orden inverso a su importancia en el cuerpo, de modo que los tejidos muertos y enfermos y las reservas nutritivas (o grasas) se eliminan primero. El orden de prioridades inherentes al cuerpo protege los órganos principales, acelerando sus procesos de curación y depuración así como la multiplicación de células nuevas sanas. Pueden esperarse resultados visibles, entre los que cabe resaltar un mejor tono de la piel, la desaparición de las arrugas finas, un cabello suave y sedoso y unos ojos limpios y brillantes.

El programa de un día es una forma idónea de iniciarse en la técnica del ayuno a base de zumos. Aunque muy probablemente ya haya ingerido zumos con regularidad antes de probarlo, esta idea quizá le siga provocando cierta inquietud. Sin embargo, prácticamente todo el mundo se siente mejor después de un día de ayuno a base de zumos, y las únicas personas que no deberían intentarlo son las débiles o ancianas, los niños, las embarazadas o las que sufran trastornos de la alimentación. Casi todos los demás se beneficiarán sin consecuencias adversas. Después de todo, muchas de las enfermedades del mundo moderno están causadas por comer demasiados alimentos inadecuados, mientras que el ayu-

Programa de un día

no ha demostrado reiteradamente que conduce a una vida más larga y sana en los animales. Aun así, no es aconsejable adoptar un ayuno a base de zumos a partir de la dieta normal. Se necesita al menos un día de preparación. El modo de interrumpir el ayuno es igualmente importante (véase pág. 120); no debe volver precipitadamente a los viejos hábitos en cuanto termine. El mejor momento para iniciar el ayuno es cuando pueda concentrarse en lo que hace, por lo que un fin de semana tranquilo en casa es lo ideal. Adquiera todo lo que necesita para preparar los zumos el día anterior a su inicio. El ayuno es un período de relajación, no de actividad frenética en un supermercado.

Día de
preparación

ntes de iniciar el ayuno a base de zumos propiamente dicho, necesitará uno o dos días de preparación dietética. No es difícil llevarla a cabo aunque no esté en casa. Puede sustituir fácilmente el almuerzo por una simple ensalada. Si se pasa la mayor parte del día lejos de la licuadora, varíe ligeramente la hora de los zumos para que pueda tomarse uno justo antes de salir de casa y otro al regresar.

El objetivo de este día (o estos días) es preparar el cuerpo para el ayuno a base de zumos y para iniciar el proceso de depuración. Necesitará aumentar en gran medida el consumo de agua. Debería beber diariamente al menos un litro y medio (y preferiblemente dos litros) además de los zumos. Su dieta en el día o los días de preparación debe incluir muchas frutas y hortalizas frescas. Un posible menú podría parecerse a éste:

	Menú
Desayuno	■ En cuanto despierte, beba una taza de agua caliente para depurar los riñones. Media hora después, desayune. Elija entre yogur natural desnatado (activo, preferiblemente biológico, edulcorado con una cucharadita de miel si lo desea), con pipas de calabaza, sésamo y girasol, o una rebanada de pan integral tostado y untado con miel. Coma una pieza de fruta y tome una taza de infusión de hierbas (véase pág. 105).
Tentempié	■ Beba un gran vaso de zumo de zanahoria y manzana.
Almuerzo	■ Será su principal comida. Prepare una ensalada (puede ser todo lo abundante que quiera) con cualquiera de los ingredientes siguientes: remolacha, zanahoria, apio, achicoria, pepino, lechuga, pimiento, rábano, espinacas, cebolla tierna, berro y cualquier otra hortaliza con hojas. Alíñela con aceite de oliva y jugo de limón, con un poco de pimienta negra y/o hierbas. Sírvala con dos rebanadas de pan integral.
Merienda	■ Tome un zumo de zanahoria y manzana.
Cena	■ Se basa en los mismos principios que el almuerzo, pero esta vez a base de fruta, toda la que quiera. Coma la fruta por separado o prepare una gran macedonia y endúlcela con zumo de manzana o miel. Puede acompañarla con yogur, si lo desea.

Si tiene hambre, coma frutas u hortalizas a modo de aperitivo, o prepare más zumo (los zumos llenan de un modo sorprendente). Acuérdese de beber su cuota de agua, caliente o fría, pero, si elije la fría, beba agua sin gas.

DEPURACIÓN PROFUNDA

En estos días de preparación también es aconsejable probar otros tratamientos de depuración. Las saunas y los baños de vapor son especialmente buenos, ya que desintoxican a fondo, aunque no son adecuados para el día de ayuno, porque quizá sienta un ligero mareo o desorientación, y el calor puede potenciar este efecto. Lo ideal es que pase la noche anterior al ayuno haciendo ejercicio, nadando y recibiendo algún tratamiento de calor en los centros de salud o gimnasios donde los ofrecen. Pero si siente un gran cansancio o estrés, el mejor tratamiento consiste en un descanso completo.

INFUSIONES DE HIERBAS

Las infusiones de hierbas no contienen té negro y, por lo tanto, ni cafeína ni tanino, sustancias que interfieren con el proceso de depuración. Son muy fáciles de preparar y constituyen una manera excelente de aumentar el consumo de líquido si se cansa de beber agua únicamente. Puede elegir entre la colección de bolsitas de infusiones de hierbas que se venden en las tiendas de comestibles y en las de dietética, o bien prepararlas escaldando un puñado de hierbas en agua hirviendo durante 5 minutos. Éstas son algunas de mis favoritas:

Manzanilla	■ Muy relajante, sobre todo para el aparato digestivo y el sistema nervioso. Alivia la ansiedad, las cefaleas, el insomnio, la cistitis y la retención de líquidos. Añada una cucharadita de miel si le resulta demasiado insípida.
Jengibre	■ Estimulante general, excelente para tratar los problemas respiratorios y la mayoría de los digestivos, la mala circulación, la fiebre y la flatulencia.
Menta	■ Reconstituyente general muy bueno para suavizar la digestión, aliviar las cefaleas y despejar los conductos de mucosas.

Ayuno a base de  zumos
de un solo día

Es un día en el que se centrará solamente en usted. Es probable que lo que más desee sea tranquilidad, sin interrupciones, por lo que no haga planes de tipo social y tómese las cosas tal como vengan.

Cada persona tiene reacciones distintas durante el ayuno a base de zumos. Quizá se sienta perfectamente durante todo el día o experimente alguno de los efectos secundarios posibles, en especial si su sistema había acumulado muchas toxinas, o si había sufrido mucho estrés y cansancio antes de empezar. Si padece algún efecto nocivo, preste atención a los consejos sobre efectos secundarios del programa de tres días (véase pág. 113). Lo principal

es tomarse el día con calma y hacer lo que le plazca. Deje que su cuerpo tome las decisiones.

Mientras dura el proceso de depuración, quizá sienta cansancio. Esto puede deberse simplemente a una reducción del ritmo de actividad diaria. En ese caso, disfrute de la relajación. Pero recuerde, no es adecuado pasarse el día en cama, ya que un poco de ejercicio suave será beneficioso para este proceso de profunda depuración interna. A modo de guía, un día de ayuno debe planearse como se indica en la página siguiente; sin embargo, no se preocupe si se levanta tarde y empieza después de lo indicado. El ayuno es también un momento de relajación. Por encima de todo, debe disfrutar de este día.

Tiempo	Menú
8:00	■ Cuando se despierte, beba una taza de agua caliente para depurar los riñones (ésta y todas las demás bebidas deben ser de unos 250 ml). Media hora después, tome el primer zumo del día. El de zanahoria y manzana es adecuado, ya que resulta muy depurador. Como alternativa, elija uno de cítricos que le ayudará a despertar del todo.
8:30	■ Antes de ducharse, cepíllese la piel en seco. Esto estimula la circulación y el sistema linfático, lo cual, a su vez, potencia la eliminación de toxinas (véase pág. 108).
9:30	■ Beba un gran vaso de agua o una infusión de hierbas.
10:00	■ Es una buena hora para hacer ejercicio, aunque no demasiado enérgico. El Yoga o caminar son ideales, en especial si pasea por un entorno agradable. Así logrará además prevenir la cefalea, un posible efecto secundario del ayuno a base de zumos.
11:30	■ Beba un gran vaso de agua o una infusión de hierbas.
12:30	■ El segundo zumo del día, como sustituto del almuerzo, debe ser sustancial y de hortalizas, con remolacha, pimiento, espinaca o nabo.
13:00	■ Beba otro gran vaso de agua o una infusión de hierbas. Quizá experimente ahora un bajón de energía. En ese caso, puede echarse una siesta o, si lo prefiere, salir a pasear o realizar algunos estiramientos simples o ejercicios de Yoga. Relájese después durante al menos media hora.
14:30	■ Beba otro gran vaso de agua o una infusión de hierbas.
16:00	■ El tercer zumo del día. Aumente sus niveles de azúcar con zumos de albaricoque, piña, papaya, mango, cerezas y nectarina.
17:00	■ Beba otro gran vaso de agua o una infusión de hierbas.
19:30	■ El cuarto y último zumo del día; éste debe ser relajante. Elija entre los zumos de plátano, arándano, sandía, lechuga y manzana.
21:30	■ Es la hora del último vaso de agua o infusión de hierbas del día. No obstante, si cree que le obligará a despertar en plena noche para ir al lavabo, tómeselo antes o sálteselo. Es más importante dormir bien.
20:00	■ Dése un baño relajante con aceites de aromaterapia (véase pág. 108) y acuéstese pronto.

CEPILLADO DE LA PIEL

En la mañana del ayuno a base de zumos, cepillarse la piel es una excelente manera de despertar del todo, estimulando la circulación y el sistema linfático, acelerando el proceso de depuración y, como consecuencia, proporcionar a la piel suavidad y brillo. Es un procedimiento muy simple que consiste en pasarse un cepillo de cerdas naturales por todo el cuerpo antes de la ducha. En otras palabras, tiene que cepillarse la piel en seco y luego ducharse. El proceso completo debería durar entre 5 y 10 minutos. Realice movimientos largos y uniformes, empezando por las plantas de los pies y ascendiendo progresivamente, siempre en dirección al corazón. Si no tiene costumbre de hacerlo, al principio quizá le parezca que el cepillo es un poco áspero, pero cuando lo haga regularmente, pronto le supondrá una sensación vigorizante. No hay necesidad de ejercer mucha presión; lo ideal es realizar movimientos de barrido rítmicos.

Cómo cepillarse la piel: Debe cepillarla siempre en seco, antes de la ducha. Asegúrese de que el cuarto de baño está caldeado y de tener a mano toallas para cuando salga de la ducha.

■ Desnúdese. Siéntese en una silla o en el borde de la bañera. Empiece por la planta del pie derecho. Cepille la planta varias veces con firmeza y rítmicamente. Prosiga el movimiento, con las menos interrupciones posibles, por el empeine del pie, suba por el tobillo y la pantorrilla, asegurándose de cubrir toda la superficie, incluyendo la espinilla y la corva. Cepille de abajo arriba, repitiendo cada pasada varias veces.

■ Póngase en pie y cepille la zona que va desde la rodilla al inicio de la pierna. De nuevo, cubra toda la zona varias veces con movimientos largos y rítmicos. Siga por las nalgas hasta la cintura. Ahora repítalo en la pierna izquierda, empezando por la planta del pie. Desde la parte superior de las nalgas y ascendiendo, cepíllese toda la espalda varias veces, hasta los hombros o hasta donde alcance.

■ A continuación, cepille el brazo derecho. Empiece por la palma de la mano, luego el dorso, y después vaya de la muñeca al codo, siempre hacia arriba. Continúe por el brazo, desde el codo al hombro. Repítalo en el izquierdo.

■ Ahora cepille el abdomen con movimientos circulares, en el sentido de las manecillas del reloj, ejerciendo una presión muy suave. Siga ascendiendo por el pecho y el cuello, cepillando suavemente en dirección al corazón. En este punto, su piel debería resplandecer. Dése una ducha y después utilice una crema hidratante corporal.

BAÑOS DE AROMATERAPIA

Un baño con los aceites de aromaterapia adecuados garantiza el mejor de los sueños. Para obtener el máximo beneficio, relájese en la bañera durante al menos 20 minutos. El agua no debe estar demasiado caliente, a fin de que los aceites no se evaporen. Cuando acabe, séquese con suaves palmaditas, sin frotarse, para no eliminar el aceite restante y dejarlo en su piel toda la noche. Algunos de mis aceites favoritos son:

■ Lavanda: no hay problema para aplicarlo directamente sobre la piel. Es soporífero, induce a un sueño tranquilo y profundo. Alivia la cefalea y el estrés.
■ Nerolí: se extrae de la flor de azahar (naranjo), es relajante y femenino.
■ Rosa: merece la pena. Induce a un profundo sueño reparador, alivia la jaqueca y la depresión, ¡y rejuvenece!
■ Sándalo: tiene una cálida fragancia a madera. Es antidepresivo y soporífero. A los hombres suele resultarles más atractivo que las esencias florales.

Después del
ayuno a base de zumos

Permitirá que prosigan los efectos positivos del ayuno a base de zumos si lo interrumpe suave y paulatinamente. A fin de cuentas, no tiene mucho sentido volver a los malos hábitos justo después. Incluso al cabo de un día, su aparato digestivo estará más sensible de lo normal, por lo que una dieta inadecuada no le haría ningún bien.

Durante un día (o preferiblemente dos) después del ayuno, siga el mismo régimen que el día de preparación (véanse págs. 104-105). Si lo desea, añada una patata asada a su ensalada, que puede tomarse con yogur natural y pimienta negra y, si lo desea, un diente de ajo machacado. El tercer día después del ayuno, añada un poco de queso rallado a la ensalada y tome una nutritiva sopa de verduras para cenar. Vaya volviendo progresivamente a su dieta normal y, si puede, mejórela. Si no quiere seguir una dieta vegetariana, añada pescado a su dieta al principio y deje la carne para el final, ya que la carne roja es uno de los alimentos de más difícil digestión, y necesitará prepararse para ella gradualmente.

El ayuno de un día a base de zumos puede repetirse con cierta regularidad, cada vez que usted sienta la necesidad de un reconstituyente. Es ideal después de un período de excesos. La mayoría de las personas descubren que, lejos de sentirse débiles o sin energía, al cabo de un día de ayuno a base de zumos tienen la mente despejada, están llenos de vitalidad y a punto para reemprender la marcha.

Si este tipo de ayuno le resulta beneficioso, quizá piense en intentar el programa de tres días. Al igual que el de un solo día, requiere un tiempo de preparación y seguimiento, pero sus efectos son más profundos.

Otro modo de introducir el ayuno a base de zumos en su vida es tomarse un día libre periódicamente para tomar sólo zumos. Si lo hace con regularidad, probablemente sólo necesite un día de preparación y otro para volver a una dieta normal. Puede probarlo una vez al mes, para después aumentar la periodicidad a uno cada dos semanas. Una ventaja de hacerlo así es que tiende a mantener bastante bien el rumbo de la dieta. Como debe prepararse antes para el día de ayuno a base de zumos, y luego suele sentirse en general más saludable y con más energía, es menos probable vuelva a ingerir en exceso los alimentos que sabe que no le convienen.

Decida lo que decida, asegúrese de incorporar al menos uno, o preferiblemente dos vasos grandes de zumo casero a su rutina diaria. Esta medida por sí sola le proporcionará un enorme impulso nutritivo y le permitirá verificar sin duda alguna los efectos en su aspecto y en su salud.

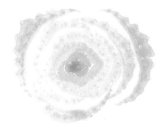

Si bien el programa de un día es un excelente reconstituyente general, el de tres días tiene efectos de mayor alcance. Actúa a un nivel profundo de desintoxicación y renovación celular, ayudando al cuerpo a desprenderse de las células viejas, deterioradas y enfermas, que sustituye por otras nuevas y sanas. En este ayuno hay que tomar mucho zumo y, excepto en los momentos puntuales de ansiedad, en general no tendrá hambre. Es muy improbable que sufra un desmayo.

La mayoría de las enfermedades modernas se asocian al exceso de comida o a una dieta basada en alimentos demasiado procesados y poco nutritivos. En el programa de tres días, los propios zumos aportan vitaminas y minerales concentra-

Programa de tres días

dos en abundancia. Algunas personas quizá se preocupen por la falta de proteínas de esta dieta, pero el organismo generalmente contiene más reservas de las que posiblemente necesitará. Sin embargo, el programa de tres días no es algo que deba emprenderse a la ligera. Nadie que padezca una enfermedad grave o un trastorno alimentario, diabetes o problemas cardíacos debe iniciar el ayuno, ni tampoco los niños ni las embarazadas. Incluso cuando crea estar en forma, consulte antes su estado general de salud con el médico.

Si tiene hambre, recuerde que sólo la experimentará los dos primeros días. Al tercero, su aparato digestivo estará disfrutando de estas vacaciones y su piel, su cabello y sus ojos tendrán un aspecto más juvenil. También perderá hasta dos kilos de peso.

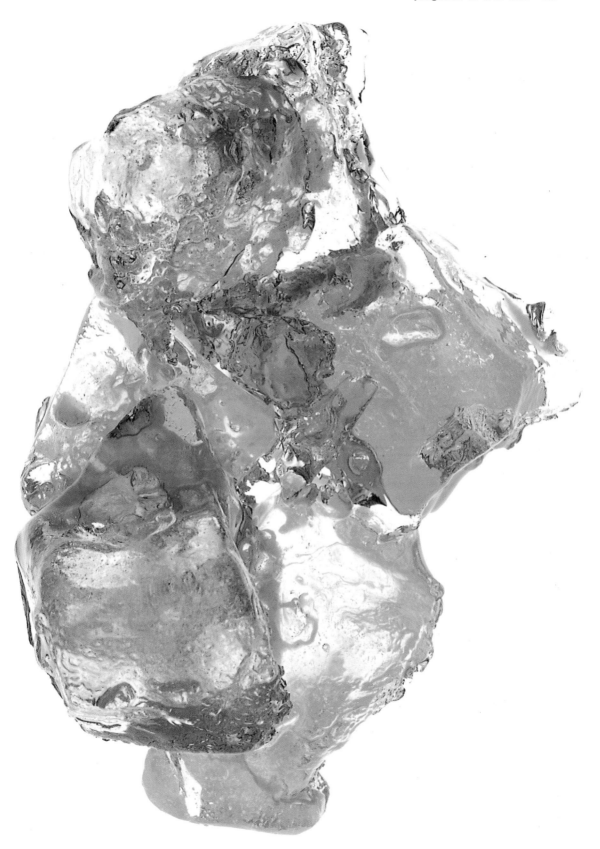

Preparación para el
programa de tres días

En el programa de tres días es imprescindible prepararse suavemente dos o tres días antes comiendo sólo frutas y hortalizas crudas, con un poco de pan integral y yogur. Así concederá tiempo a su aparato digestivo para que se adapte y empiece el proceso de depuración antes del ayuno propiamente dicho. Si empezara sin preparación, podría sufrir algunos efectos secundarios bastante desagradables, ya que las toxinas que ha consumido o absorbido a lo largo de meses o incluso años (desde la comida rápida al tabaco pasando por el humo de los tubos de escape y pesticidas agrícolas) vuelven a liberarse en su sistema antes de que hayan sido expulsadas finalmente.

A pesar de la preparación adecuada, es muy posible que experimente algunos efectos secundarios en el transcurso de estos tres días; no obstante, es algo que no le debe preocupar. Sólo significa que el proceso de desintoxicación está actuando y dándole al cuerpo la oportunidad de descargar las toxinas que ha acumulado y no ha tenido tiempo de procesar.

Por desgracia, la mayoría de nosotros sobrecargamos nuestro cuerpo hasta tal punto que los órganos vitales de evacuación –principalmente el hígado, los riñones y el colon– no pueden con todo. Así se almacenan las toxinas, mientras nuestro organismo se concentra en combatir las infecciones o en superar el estrés y el agotamiento. Un ayuno a base de zumos proporciona a estos órganos el tiempo necesario para que expulsen las toxinas y se renueven, de modo que puedan empezar a funcionar con más eficacia.

Beber agua es muy beneficioso, sobre todo durante el ayuno, ya que contribuye al proceso depurativo.

EFECTOS SECUNDARIOS

La teoría dice que las toxinas golpean dos veces: una cuando entran y otra cuando salen. Esto no significa que usted deba experimentar incómodos efectos secundarios –muchas personas no sufren ninguno–, sino que, si le ocurre, no debe preocuparse por ello. Los más comunes incluyen:

Lengua sucia	■ Le pasa a todo el mundo, casi inmediatamente después de saltarse la primera comida, pero sólo es un signo de que la depuración está en marcha. Lávese los dientes regularmente y, si lo desea, adquiera un raspador de lengua (una cuchara también sirve para raspar la lengua) y utilícela –con suavidad– dos o tres veces al día.
Granos (espinillas)	■ Es la reacción más frecuente y sólo demuestra que las toxinas están siendo eliminadas a través de la piel. Por eso debería darse uno o dos baños o duchas al día y constituye, en cualquier caso, un problema pasajero.
Cefalea	■ Es otra reacción común, sobre todo si el dolor de cabeza o la migraña son reacciones habituales en usted. Intente no tomar calmantes y, en su lugar, beba más agua y prolongue su descanso. También ayuda administrarse un masaje con aceite de lavanda en las sienes y en el cuero cabelludo.
Sensación de frío	■ Otro efecto secundario muy extendido es sentir frío, algo inevitable si piensa que ha dejado de ingerir los alimentos sólidos que actuaban de combustible para generar calor. Puede ser una bendición si el tiempo es caluroso. En caso contrario, abríguese y mantenga su entorno bien caldeado.
Cansancio	■ Quizá se sienta agotado, en cuyo caso debe descansar lo que necesite, aunque probablemente no precise el descanso porque dispone de energía acumulada.
Gripe y catarro	■ Aunque su nariz esté congestionada o sufra molestias y dolores extraños, no suelen ser un signo de haber contraído infección alguna; únicamente son síntomas de la depuración. De nuevo, descanse, beba mucha agua y normalmente desaparecerán.
	Todos estos efectos secundarios son síntomas de que su cuerpo se está desintoxicando y, en la gran mayoría de las personas, desaparecen con rapidez. Una manera de acelerar el proceso es contribuir a él bebiendo más agua, haciendo ejercicio moderado y probando alguno de los otros tratamientos de eliminación, que merece la pena seguir paralelamente, ya que constituyen un auténtico placer.

Tres días
antes del ayuno

E l programa de tres días es un proceso de depuración profunda y rejuvenecimiento que actúa como desintoxicación completa y tratamiento de belleza. Después, su piel adquirirá un brillo especial, experimentará un estallido de energía y habrá perdido un par de kilos. Sin embargo, semejante magia no puede alcanzarse totalmente en sólo tres días, y por este motivo es importante que se acostumbre a ello durante dos o tres días antes, así como que se conceda la misma cantidad de tiempo después del ayuno para volver a la normalidad.

A lo largo de este ayuno, lo que debe evitar por todos los medios para que se produzca la depuración es:

Té y café: Contienen cafeína, que inhibe la adecuada asimilación de los nutrientes de los zumos. También potencia la acumulación en el sistema de uno de los metales pesados menos deseables, el cadmio. También existen indicaciones de que este estimulante está asociado al aumento de la tensión arterial. Finalmente, es un diurético muy eficaz que priva de los fluidos y de minerales preciosos como el magnesio, que son expulsados del cuerpo con la orina. La mayoría de los refrescos de cola también contienen cafeína, además de azúcar y otros aditivos nocivos.

Alcohol: Debe evitarse por dos motivos, primero, porque deshidrata el cuerpo, lo que interfiere con su capacidad de desintoxicarse; segundo, porque

impide al hígado –probablemente el órgano más importante del cuerpo para la depuración– librarse de las toxinas acumuladas aportándole otras nuevas que eliminar.

Tabaco: Es tan evidente, que en realidad no es necesario mencionarlo, puesto que los cigarrillos son una de las sustancias más tóxicas con las que su cuerpo se encontrará con regularidad. Evite fumar pasivamente, asegurándose de que su entorno esté libre del humo del tabaco. Si ya fumaba, quizá descubra que este programa es una buena manera de superar su adicción a la nicotina.

Fármacos: Si tomaba medicamentos recetados para un largo período, es esencial que consulte con su médico antes de dejar de tomarlos. Sin embargo, las medicinas que se expenden sin receta (calmantes para la jaqueca, por ejemplo) deben evitarse, al igual que todo tipo de drogas.

En el programa se indica todo lo necesario, por lo que se recomienda seguirlo a pies juntillas. Si cae en la tentación en un momento de debilidad y come algo que no debiera, no se rinda, simplemente intente no volver a hacerlo. Cuanto más a rajatabla siga el programa, más éxito tendrá. Los días de preparación para el ayuno de tres días son similares a los del programa de un día y se organizan del siguiente modo:

DÍAS DE PREPARACIÓN

8:00 ■ Cuando despierte, beba una taza de agua caliente para limpiar los riñones.
Antes de desayunar, cepíllese la piel y dúchese. Desayune un tazón de yogur natural
con pipas de calabaza, sésamo y girasol, endulzado con una cucharadita de miel,
si quiere, una taza de infusión de hierbas (véase pág. 105) y un vaso de zumo
de zanahoria y manzana.

10:00 ■ Beba un gran vaso de agua y cómase una manzana.

12:00 ■ Será su comida principal. Prepare una ensalada como en el programa de un día, con dos
rebanadas de pan integral, y beba dos vasos grandes de agua o una infusión de hierbas.

14:00 ■ Tome un zumo de frutas; elija uno con uva, ciruela, kiwi, pera, melón o fresa.

16:00 ■ Beba agua o una infusión de hierbas; tome toda la que quiera a lo largo de la tarde.

18:00 ■ Tome un zumo de hortalizas; elija entre tomate, espinacas, remolacha o aguacate.

19:00 ■ Cene a base de frutas como los días de preparación para el programa de un día.

21:00 ■ Beba un vaso de agua o una infusión de hierbas.

22:00 ■ Intente acostarse temprano, ya que su cuerpo necesita descansar para que pueda
iniciar su depuración nocturna. Dése un baño de aromaterapia, si le ayuda a dormir
mejor (véase pág. 108).

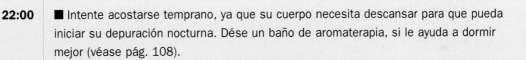

Los días de
sólo zumo

Es aconsejable planificar estos días para que coincidan con un fin de semana largo, o con una época en la que no tenga muchos compromisos. No es que sea imprescindible evitarlos; la razón estriba en que cuanto más tiempo pueda dedicarse a usted en ese período, más partido sacará del ayuno. Como verá, hay varias cosas más que puede hacer, además de tomar zumos, todas ellas destinadas a que el proceso de desintoxicación sea más profundo y eficaz. En la página siguiente se ofrece un programa para un ayuno de tres días sólo a base de zumos.

Excepto a primera hora de la tarde, los tres días siguen un esquema muy similar. Intente variar los zumos cada día a fin de ingerir la gama más amplia posible de nutrientes.

No tiene que realizar los distintos tratamientos sugeridos aquí, pero si lo hace, el ayuno le irá mejor. Hacer ejercicio por la mañana ayuda al cuerpo a despertar del todo y a librarse de las toxinas acumuladas con mayor rapidez. La parte del día dedicada a la relajación o a la meditación es igualmente importante y ayuda a reducir el estrés (qué por sí solo puede actuar sobre el cuerpo como una toxina). Esto se descubre fácilmente durante el ayuno a base de zumos; a medida que el cuerpo se relaja, la mente también lo hace.

Finalmente, recuerde que uno de los elementos más importantes del programa es dormir lo suficiente. Si siente cansancio, haga una siesta o descanse, y procure acostarse temprano durante el ayuno. Cuanto más descanse su cuerpo, más oportunidades tendrá de repararse, y el resultado será una mayor sensación de frescura y energía.

■ PRIMER DÍA

8:00	Cuando se despierte, como siempre, beba una taza de agua caliente para limpiar los riñones. Si lo desea, puede añadirle el jugo de medio limón, que lo convierte en una bebida muy depuradora. Sin embargo, no lo haga si tiene los dientes muy sensibles, ya que puede dañarse el esmalte.
8:30	Cepíllese la piel y dúchese, con duchas alternantes calientes y frías (véanse págs. 108 y 118).
9:00	Beba un vaso de zumo de hortalizas. Elija entre zanahoria, remolacha, brécol o espinaca.
9:30	Es un buen momento para hacer un poco de ejercicio moderado, como Yoga o estiramientos. No tiene que ser demasiado enérgico. Relájese durante al menos 10 minutos cuando acabe.
10:30	Beba un gran vaso de agua o una infusión de hierbas.
12:00	Tome un gran vaso de zumo de frutas. Elija entre papaya, piña, mango, kiwi o melón.
14:00	Salga a caminar al aire libre durante media hora, preferiblemente por un parque o por el campo.
15:00	Beba un gran vaso de agua o una infusión de hierbas.
16:00	Sírvase un gran vaso de zumo de zanahoria y manzana.
17:00	Realice una sesión de relajación o meditación (véase pág. 118).
19:00	Prepárese un zumo de hortalizas calmante y depurador a base de lechuga.
20:00	Beba un vaso de agua o una infusión de hierbas.
21:00	Tome un baño de limpieza profunda (véanse págs. 118-119).
22:00	Intente acostarse temprano, ya que su cuerpo necesita descansar para iniciar su desintoxicación nocturna.

■ SEGUNDO DÍA

8:00–12:00	Igual que el primer día.
14:00	Es un buen día para seguir un tratamiento que ayude a la desintoxicación y al mismo tiempo le haga sentir que se quiere. Vaya a que le realicen un masaje (véanse los distintos tipos en las páginas 119-120).
15:00–22:00	Repita la secuencia del primer día.

■ TERCER DÍA

8:00–12:00	Igual que el primer día.
14:00	Adminístrese una fricción corporal y facial profundamente limpiadora (véase pág. 120).
15:00–22:00	Repita la secuencia del primer día.

Tratamientos
y **terapias**

xisten diversos tratamientos y terapias que contribuyen a mejorar el proceso de desintoxicación, algunos de los cuales puede realizar en casa. Otros exigen acudir a un centro de salud o gimnasio, o bien al terapeuta correspondiente, con quien probablemente tendrá que concertar una visita.

DUCHAS ALTERNANTES

Las duchas alternantes son una forma de hidroterapia. Estimulan la circulación de la sangre y la linfa, además de los sistemas nervioso e inmunológico, potenciando así la eliminación de toxinas del cuerpo. Por ello, es aconsejable darse una cada mañana durante el período de ayuno a base de zumos. Aunque parezca intimidador a primera hora de la mañana, sólo hay que estar bajo el agua fría muy poco tiempo y, en cuanto se acostumbre, acabará siendo agradable y vigorizante. Sin embargo, tenga en cuenta que no debe recurrir a la terapia de duchas alternantes si tiene algún problema cardíaco.

Después de cepillarse la piel, gradúe la ducha hasta que el agua esté muy caliente. Permanezca bajo la ducha y deje que el agua caiga sobre usted durante 2 o 3 minutos, asegurándose de que todo su cuerpo se empapa bien, incluyendo la cara y la cabeza. Si utiliza jabón o champú, úselo en este momento. Después siga con agua tibia o fría, si puede soportarla, e intente aguantar entre 15 y 30 segundos. Vuelva a abrir el agua caliente durante otros 2 o 3 minutos, y luego otra vez la fría. Alterne las duchas caliente y fría un máximo de tres veces, acabando siempre con agua fría.

Inmediatamente después, séquese con rapidez y póngase ropa de abrigo; después siéntese o túmbese durante al menos 5 minutos y hasta media hora, si tiene tiempo.

Este tratamiento es muy bueno continuarlo los días siguientes al ayuno, ya que seguirá potenciando la depuración de su cuerpo. De hecho, en cuanto se acostumbre a él, descubrirá que querrá mantenerlo indefinidamente como la mejor manera de empezar el día.

RELAJACIÓN

A medida que el cuerpo se somete a un proceso de limpieza y depuración interna, es frecuente descubrir que la mente sigue el mismo camino. Esto convierte al ayuno a base de zumos en un momento ideal para probar las técnicas de relajación y meditación. Por supuesto, existe una amplia gama de métodos utilizables, y usted quizá ya tenga sus favoritos. En ese caso, recurra a ellos cuando aquí se sugiere, o con mayor frecuencia, en particular si padece algún efecto secundario como jaqueca. Si nunca había probado la relajación o la meditación, una buena manera de empezar es comprar una grabación que le guíe durante el proceso.

BAÑOS RELAJANTES

Son muy buenos por la noche para relajar el cuerpo antes de dormir y para estimular el proceso de depuración con el objetivo de que actúe durante toda la noche. Puede utilizar el mismo método cada noche o ir variando, según como se sienta. Elija entre baños de aromaterapia (véase pág. 108), de sales Epsom o de lodo. Ninguno de ellos es adecuado para lavarse con jabón o champú. Si esto es lo que desea, dúchese primero y luego prepare el baño.

Las sales Epsom crean uno de los baños más depuradores y relajantes posibles. Es el magnesio de estas sales lo que relaja el cuerpo y ayuda a los músculos y articulaciones a desentumecerse. Además, calienta mucho y hace eliminar las toxinas con rapidez a causa del sudor.

Las sales se adquieren en farmacias y tiendas de salud. Vacíe el contenido en la bañera y remuévalo bien para que las sales se mezclen con el agua; compruebe que se han disuelto antes de meterse. Tiéndase en la bañera durante al menos 15 minutos y limítese a sudar. Puede aumentar el efecto de calentamiento aplicándose un masaje corporal con un guante de baño o una esponja.

Los baños de lodo tienen una elevada concentración de minerales, que ejercen un efecto de limpieza profunda. Uno de los baños de lodo terapéuticos más famosos es el de Neydharting Moor (más conocido como lodo de Moor). Los análisis del barro han demostrado que es especialmente rico en vida vegetal descompuesta y que contiene más de mil depósitos de plantas, incluyendo hierbas con flor, semillas, hojas, flores, tubérculos, frutas, raíces y hierbas sin flor. Aproximadamente 300 ingredientes tienen propiedades medicinales reconocidas. El lodo de Moor es antiinflamatorio y astringente, por lo que resulta especialmente útil en el proceso de desintoxicación.

Mezcle bien el lodo con el agua del baño, o de lo contrario formará grumos y no será tan eficaz. El agua debe estar tibia, no caliente, y usted debe relajarse en ella durante al menos media hora. Adicionalmente tiene efectos beneficiosos sobre distintas áreas de la piel, por lo que también puede remojarse la cara con ella. Lo mismo se aplica al cabello. Séquese con unas palmaditas y acuéstese inmediatamente. Este tipo de baño es muy relajante y se suele dormir muy bien después.

Otro lodo terapéutico muy conocido procede del mar Muerto. Es muy rico en minerales (principalmente potasio), que ayudan a regular el equilibrio hídrico del cuerpo. Contiene los relajantes bromo, azufre y yodo, que estimulan el rejuvenecimiento y la regeneración de las células, al tiempo que incrementan el suministro de sangre a la piel. Además, este lodo contiene pequeñas cantidades de otros minerales (25 en total), que contribuyen a sus efectos desintoxicantes generales. Utilice el lodo del mar Muerto de acuerdo con las instrucciones del envase y relájese en el baño durante al menos 20 minutos. Después aclárese con agua tibia, séquese con palmaditas y toallas secas y acuéstese.

MASAJE

El masaje es un verdadero placer durante un período de ayuno a base de zumos, por ser intensamente relajante y potenciar el proceso de desintoxicación. Sin embargo, no se someta a uno demasiado enérgico. El de aromaterapia es ideal, sobre todo si emplea aceites relajantes. Otro tipo de masaje muy útil es el drenaje linfático manual (DLM), que acelera la actuación del sistema linfático y reduce las toxinas responsables de estados como el abotagamiento y la celulitis.

FRICCIÓN CON SAL

Una fricción corporal con sal despeja los poros y elimina las células cutáneas muertas, con lo que el aspecto y la textura de la piel mejora al instante. También favorece la circulación y la eliminación de toxinas a través del sistema linfático.

Para emplear sobre el cuerpo, mezcle sal mineral de grano grueso con aceite de oliva o de sésamo hasta obtener una pasta. Dése una ducha tibia. Con una pequeña porción de pasta y, empezando por los pies, aplíquesela sobre la piel con un masaje, utilizando toda la mano y con movimientos circulares. Asegúrese de frotar las plantas de los pies y las zonas duras. Suba por las piernas, con los mismos movimientos circulares. Preste mucha atención a los muslos y nalgas; la fricción con sal es muy eficaz contra la celulitis. Frótese las partes de la espalda que pueda y luego dése un suave masaje en el abdomen, y después en el pecho, en el sentido de las manecillas del reloj. Finalmente, frótese las manos, los brazos y los hombros, avanzando siempre en dirección al corazón. Vuelva a la ducha y siga frotando la mezcla sobre su piel mientras se aclara.

Para la cara, mezcle sal de grano fino con aceite de oliva o de sésamo hasta formar una pasta. Humedézcase la cara y el cuello con agua tibia y luego aplíquese la pasta sobre la piel con un suave masaje. Utilice dos dedos para realizar pequeños movimientos circulares, desde la base de la garganta hasta la mandíbula, empezando por el centro y extendiéndose hacia los lados. Realice los mismos movimientos por toda la cara, evitando los ojos. Aclárese con agua tibia.

El final **del ayuno**

Volver a la rutina normal después del período de ayuno a base de zumos es tan importante como el propio ayuno. Si usted sobrecarga su cuerpo de improviso con demasiada comida o del tipo inadecuado, no sólo estará deshaciendo todo el trabajo anterior, sino que además puede encontrarse con algunos efectos secundarios nocivos. Por eso, le conviene tomárselo con calma y permitir que la desintoxicación prosiga unos días más.

EJERCICIO Y TRATAMIENTOS

Siga practicando estiramientos o ejercicios de Yoga y caminando por la mañana. Quizá le apetezca hacer algo más enérgico, aunque correr o hacer aeróbic puede ser excesivo; es preferible nadar o realizar un ejercicio moderado.

Durante el ayuno a base de zumos, no se recomiendan los tratamientos de calor como saunas y baños de vapor, pero son excelentes para continuar el proceso de desintoxicación. El vapor ejerce un efecto maravilloso sobre la piel y además, con el tiempo, ayuda a descomponer los depósitos de celulitis. Las saunas también van bien, sobre todo si alterna el calor seco de la sauna con duchas más o menos frías. Al igual que los baños de vapor, las saunas relajan y potencian la eliminación de toxinas a través del sudor.

Con todo, no permanezca en la sauna o un baño de vapor demasiado tiempo —se considera que 20 minutos ya es mucho— y salga inmediatamente si se marea o siente alguna molestia. Túmbese y relájese todo lo posible mientras permanece en la sauna o la sala de vapor (pero no se duerma) y descanse siempre después, a fin de dar tiempo al cuerpo para que se normalice. No coma nada en la hora anterior o posterior a la sauna o el baño de vapor, y asegúrese de beber mucha agua.

■ PRIMER DÍA

8:00 — Cuando se despierte, beba una taza de agua caliente para depurar los riñones. Antes de desayunar, cepíllese la piel y dúchese. Para desayunar, coma un tazón de yogur natural con pipas de calabaza, sésamo y girasol, endulzado con una cucharadita de miel, si quiere. Beba una taza de infusión de hierbas (véase pág. 105) y un vaso de zumo de zanahoria y manzana.

10:00 — Beba un gran vaso de agua y cómase una manzana.

12:00 — Prepare una sopa de verduras (una cantidad suficiente para guardar un poco para los dos días siguientes), utilizando alguna de las siguientes: patata, zanahoria, cebolla, apio, col, puerro, nabo, chirivía, batata. Beba dos vasos grandes de agua o una infusión de hierbas.

14:00 — Tome un zumo de fruta; elija uno con papaya, albaricoque, piña, melón, uva o manzana.

16:00 — Beba agua o una infusión de hierbas; tome toda la que quiera a lo largo de la tarde.

18:00 — Tome un zumo de hortalizas; elija entre remolacha, zanahoria, apio, berro o cebolla.

19:00 — Cene a base de frutas como en el programa de un día (véase pág. 107).

21:00 — Beba un vaso de agua o una infusión de hierbas.

22:00 — Intente acostarse temprano, ya que su cuerpo necesita descansar mientras continúa la desintoxicación.

■ SEGUNDO DÍA

Siga el mismo plan básico anterior, pero prepare para cenar una sencilla ensalada aderezada con yogur, jugo de limón y pimienta negra.

■ TERCER DÍA

De nuevo, siga el mismo programa, pero añada una patata asada, con queso, si quiere, para cenar.

■ CUARTO DÍA

Vuelva gradualmente a su dieta normal, comiendo una amplia variedad de alimentos frescos y sanos pero dejando los que más cuesta digerir (como la carne) durante alrededor de una semana. Para entonces, se sentirá muy diferente –con más salud, menos peso y más energía– y posiblemente no deseará volver a consumir los alimentos que sabe que perjudican su salud.

Ayunos más
prolongados

El ayuno prolongado se ha utilizado durante muchos años en las clínicas naturopáticas como medio de curar y desintoxicar el cuerpo a fondo. El ayuno a base de zumos más largo al que me he sometido duró dos semanas, aunque habitualmente los hago de una semana. Puede parecer sorprendente, pero, después de los dos primeros días, no estoy especialmente hambrienta y considero que los beneficios son tan positivos que me gusta repetir estos ayunos dos o tres veces al año.

Sin embargo, tenga en cuenta que los ayunos prolongados deben ser supervisados adecuadamente en una clínica especializada, donde la naturopatía sea una rama bien establecida de la atención sanitaria. Es útil para afecciones como eczemas, asma y alergias, y también una manera excelente de romper con malos hábitos como fumar y otras adicciones.

RESULTADOS A LARGO PLAZO

El ayuno prolongado tiene unos efectos notables. Los procesos de desintoxicación y rejuvenecimiento tienen más tiempo para actuar y lo hacen a un nivel más profundo, hasta el punto de que los cambios resultan visibles. El tono de la piel mejora enormemente; ayunar parece quitar años de encima en cuanto a las arrugas finas y la textura de la piel, y los ojos se vuelven brillantes y limpios, y el cabello suave como el de un bebé. Naturalmente, también se adelgaza, aunque la cantidad depende del punto de partida. Las personas obesas pierden más peso (alrededor de 400 g al día), mientras que las más cercanas a su peso óptimo adelgazan mucho menos.

Ayunar durante tanto tiempo ejerce además un profundo efecto sobre la mente y las emociones, incluyendo una sensación de tranquilidad y confianza. Aunque la actividad física se reduzca, hacia el final del ayuno, o en cuanto se acaba, suele notarse un gran aumento de energía y creatividad.

Por supuesto, cada persona lo vive de una manera distinta, y cada ayuno es diferente y único. A veces puede ser un verdadero placer de principio a fin, pues se experimenta como una exaltación continua. Otras veces es probable que provoque efectos secundarios menos deseables y cree una sensación de cansancio o irritabilidad.

Según los naturópatas, esta última situación es un signo de que se produce una crisis terapéutica. Puede adoptar la forma de cualquiera de los efectos secundarios mencionados en la página 113, pero como el ayuno es más intenso, los efectos molestos son más acusados. Pueden manifestarse como exacerbaciones de afecciones crónicas a las que esa persona es propensa. Eczemas, asma y psoriasis son ejemplos comunes. La crisis —que suele durar apenas 24 horas— supone un clímax de desintoxicación. Según la naturopatía, es un período de curación profunda y, en casos de eczema o asma, suelen implicar el final definitivo de la dolencia.

CUÁNDO AYUNAR

La regla esencial para cualquiera que ayune es asegurarse de que no está sufriendo otras presiones. Puede sentir cansancio y necesitar descanso, así que deseará disponer de tiempo y espacio para sí, a fin de obtener el máximo beneficio.

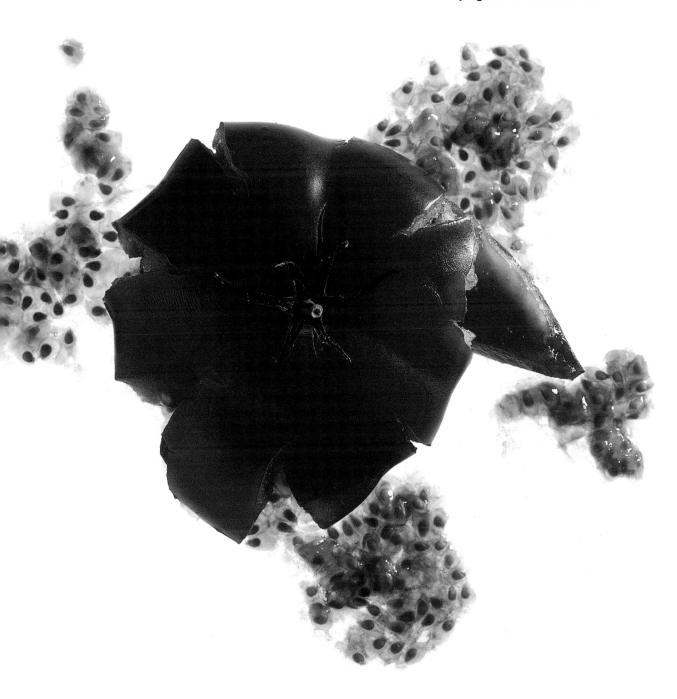

Tradicionalmente, la primavera se considera una buena época para ayunar, ya que el tiempo es cálido y es posible prescindir de todos los efectos derivados de los hábitos culinarios de la estación fría. No obstante, se puede ayunar en cualquier época del año. Tenga en cuenta que sentirá más el frío, incluso en el ayuno de un solo día. Por eso, si ayuna en invierno, debe hacer un esfuerzo adicional para mantenerse en la temperatura adecuada.

Cuando ayune, y durante todo el período, una cosa es segura: estará realizando una inversión a largo plazo en su salud, manteniendo a raya las enfermedades y el envejecimiento.

Agradecimientos

Deseo dar mi agradecimiento a todas aquellas personas dispuestas a ser conejillos de Indias para mis recetas, especialmente a mi hijo Christian, un gran consumidor de zumos a la edad de siete años, y a mis amigas Jane Revell y Diana Craig. También agradezco especialmente el apoyo y el compromiso de Liz Dean y Muna Reyal, de Collins & Brown.

Índice